经济管理学术文库·管理类

中国制造业比较优势的
制度性因素研究

——基于企业、市场、国家层面的制度安排

Research on the Institutional Factors of Comparative
Advantage of Chinese Manufacturing Industry
—based on the Institutional Arrangement of
Enterprise, Market and Country

刘　航／著

经济管理出版社
ECONOMY & MANAGEMENT PUBLISHING HOUSE

图书在版编目（CIP）数据

中国制造业比较优势的制度性因素研究——基于企业、市场、国家层面的制度安排/刘航著. —北京：经济管理出版社，2017.6

ISBN 978-7-5096-5081-3

Ⅰ. ①中… Ⅱ. ①刘… Ⅲ. ①制造工业—研究—中国 Ⅳ. ①F426.4

中国版本图书馆 CIP 数据核字（2017）第 093044 号

组稿编辑：杨国强
责任编辑：杨国强 张瑞军
责任印制：黄章平
责任校对：超 凡

出版发行：经济管理出版社
　　　　　（北京市海淀区北蜂窝 8 号中雅大厦 A 座 11 层　100038）
网　　址：www.E-mp.com.cn
电　　话：（010）51915602
印　　刷：北京玺诚印务有限公司
经　　销：新华书店
开　　本：720mm×1000mm/16
印　　张：14.25
字　　数：208 千字
版　　次：2017 年 6 月第 1 版　2017 年 6 月第 1 次印刷
书　　号：ISBN 978-7-5096-5081-3
定　　价：48.00 元

前　言

目前，国际和国内研究者都关注到了更广泛的比较优势来源，其中合理的制度安排是一种优质的无形要素，制度的动态调整发展成为各国贸易增长和比较优势提升的重要来源。中国制造业正处在发展转型的战略机遇期，面临着外贸发展方式转变的现实压力，亟须以制度变革为突破口而促进各种要素的均衡增长与结构优化，并形成以最优方式持续提供制度变量的新的比较优势提升机制。根据新制度经济学的现有观点，理性的市场主体致力于维持现有产权并追求剩余权利，而好的制度应保护其对剩余权利的合理追求，规制不合理追求。企业是最基本的市场主体，制造业企业在内外部制度环境下进行生产经营活动，投入中间品、生产要素和公共产品，并由此获得收益。制度变量应分别从企业层面、市场层面和国家层面影响企业对中间品、生产要素和公共产品的投入，包括投入的规模、结构与方式。企业层面、市场层面和国家层面的制度的提供者分别为上下游企业、要素市场和国家公共政策，而各种制度下的最终决策者和受益主体仍是企业。各种层面的制度通过对广义交易成本的影响，作用于企业的生产效率及其出口意愿和能力。一国制造业比较优势的提升应建立在最大化节约广义交易成本的基础上，因此，制度对制造业比较优势具有重要的影响。

在进行了文献回顾并构建了全书理论框架之后，本书重点

1

对企业层面、市场层面和国家层面的制度影响制造业比较优势的机制及实效分别展开理论与实证分析，进而结合中国转变外贸发展方式的现实背景，综合研究如何通过制度安排的调整变革实现外贸要素结构、市场分布和贸易方式以及开放型经济收益分配格局的转变。

在第四章中，本书研究了企业层面的制度对制造业比较优势的影响。本部分分别构建了两种范式的理论模型分析市场要素和组织要素的充裕度与密集度对制造业出口优势的影响，得出了"一国在密集使用其充裕要素的产品上具有比较优势"的理论命题，并利用中国的地区—行业交叉数据进行实证分析，结果显示中国各地区制造业出口优势受市场要素的影响为正，受组织要素的影响为负。

在第五章中，本书研究了市场层面的制度对制造业比较优势的影响。本部分构建了一个"$2 \times 2 \times 2$"模型分析要素价格扭曲及其纠正措施对比较优势的影响，得出了"一国规制要素价格扭曲的制度对比较优势的成效会随着扭曲程度不同而有所差异"的理论命题，并利用中国各地区的面板数据进行了实证分析，结果显示致力于纠正资本价格扭曲的金融市场化和致力于纠正劳动力价格扭曲的劳动者保护作为制度变量，越是充裕，越不利于制造业比较优势的提高，且扭曲程度的加深会加剧这种负向作用。

在第六章中，本书研究了国家层面的制度对制造业比较优势的影响。本部分构建了一个中央—地方政府的博弈模型来分析国家层面的制度安排对比较优势的影响，得出了"地方政府预算内收入和基础税源的扩大有助于贸易利益和比较优势的长远发展，而垄断和腐败会对冲这种促进作用"的理论命题，并利用中国的时间序列数据进行了实证分析，结果显示垄断和腐败会阻碍财政分权对比较优势的正向作用，加剧地方竞争对比较优势的负向作用。

在第七章中，本书结合中国转变外贸发展方式的现实背景，综合分析了每章结论的政策含义，探究了如何调整和改进企业层面、市场层面和国家层面的制度，使其发挥出对外贸收益和比较优势的长远促进作用。最后给出了全书的结论和进一步研究的方向。

目　录

| 第一章 |

绪 论

第一节
选题背景

目前，如何将传统比较优势理论进行创新，探究国际贸易和各国产业发展的最新表现及规律，成为理论界的重要关注点之一。如李国平等（2004）提出了附加环境因素的比较优势理论，包群等（2008）关注到了金融发展对比较优势的影响。然而，大多数文献仍将比较优势置于 H-O 理论的基本框架中，把优势来源抽象为资本和劳动要素。即便是"动态比较优势"概念下，优势来源也主要是技术进步、规模经济、产业布局等，归根结底仍是同资本与劳动的结合、流动和配置相联系（韩民春等，2009）。企业间异质性使其工资—租金率的比值倾向于随企业规模、所处行业或地域等而发生变动，从而如果仅以资本和劳动作为比较优势来源，则一国内的企业间或行业间要素密集度逆转（Factor Intensity Reversals）难以避免。尽管国外研究者很早就通过特定要素模型（RV 模型）克服这一缺陷（Samuelson，1971；Schweinberger，1980），但仍未跳出资本—劳动的既有框架，对当今世界制造业分工与贸易格局的解释力不够。

企业间或行业间出现要素密集度逆转的原因很大程度上在于资本和劳动要素的非完全自由流动。一些研究将制度性安排视为无形产品，其表现出非竞争性、消费的非均质性和非排他性，甚至有的文献明确指出制度属于"典型的公共物品"（刘锡田，2005）、"严格意义上的公共产品"（李森等，2007）。而制度设计和提供毕竟是需要成本的，并且制度的非排他性是不完全充分的，容易由于过度消费而导致"拥挤效应"。按照陈其林等（2010）的划分，制度更接近于经营型准公共产品。如果将制度性因素作为比较优势来源，则无论其属于何种产品，都能够较好地避免出现要素密集度逆转。可见，将制度性因素作为一国或地区的要素禀赋来源，从制度的各个层面探讨其对该国或地区比较优势的影响是必要的。

始于科斯（Coase，1937）的新制度经济学已经将制度性因素及其对经济发展的作用做了细致的研究。柯兰德（2005）将制度分析方法分为三种：一是科斯、诺思等的交易成本方法；二是布坎南、托利森和塔洛克等的寻租方法；三是奥尔森的分利集团方法。有的研究者还提出了三种方法的综合路径（卢现祥，2011）。这些方法均能够通过创新而应用于国际贸易领域。Williamson（1985）、Grossman等（1986）及Hart等（1990）创立了新制度经济学的一个重要分支——GHM模型，提出了"合约实施效率"这一重要概念，后来的研究者将该概念引入对比较优势的分析中，主要分为两种观点：一是以Berkowitz等（2006）、Nunn（2007）等为代表的"专用性资产投资"观点；二是以Acemoglu等（2007）为代表的"分工深化"及"技术选择"观点。可见，新制度经济学与现代国际贸易理论的融合，给本书的选题提供了较好的理论背景和研究基础。将制度作为比较优势来源引入对国际贸易的分析中，具有一定可行性。

改革开放以来，中国经济飞速增长，创造了"中国奇迹"，其中制造业出口增长的贡献尤为突出。一些学者从比较优势理论的视角对其做出了解释，认为中国在比较优势战略和赶超战略中选择了前者，发展了符合本国比较优势的劳动密集型和资源密集型产业（林毅夫等，1999，2006，2008）。同时，还存在与之相左的观点，认为比较优势战略会对产业结构产生固化效应，阻碍技术进步，并使产业对外部冲击更加敏感。他们还认为比较优势战略论者较少考虑到中国经济以转轨为特征的诸多制度性因素，比如非市场因素大量存在，市场主体违约现象普遍（黄志启等，2010；贾康等，2010；伍业君等，2012）。尤其在当前我国刘易斯转折点的到来，劳动力优势相对减弱的背景下，严格按照传统比较优势参与国际分工和交换的模式遭到了更加广泛的批评，而在制度创新中寻求新的比较优势，已经达成了初步共识（孙杰，1997；刘航等，2011；杨青龙，2012）。

从微观看，近年来在国内成本攀升和国际金融危机引发的外需下滑的双重压力下，我国外贸企业转型升级的意愿明显增强，并取得了一定的进展。进入 2012 年，欧盟经济陷入低迷，欧美再工业化与战略性新兴产业发展改变着全球产业格局，国际金融市场和国际大宗商品价格出现震荡（白永秀等，2012）。受外部环境变化以及国内宏观经济形势的共同影响，我国工业品出口增速明显回落，不少外贸企业再度陷入经营困境，对一些出口导向型产业集聚地区的经济增长和就业稳定造成较大冲击。从宏观看，随着综合成本上升以及汇率变动，以"制造成本"优势为核心的我国传统比较优势进一步弱化，一些行业和地区出口优势衰减的态势很难逆转。面对严峻的外贸形势，迫切需要在巩固传统优势基础上，着力打造新的竞争优势。2004年，中央经济工作会议曾提出"转变外贸增长方式"；2009 年，中央经济工作会议提出了"加快外贸发展方式的转变";2012年2月,十部委联合发布《关于加快转变外贸发展方式的指导意见》。而转变外贸发展方式最首要的便是改变"对有形要素投入依赖程度高,对无形要素投入依赖程度低"的现状(钟山,2010)。总之,转变外贸发展方式的现实压力构成了本选题的实践背景。为全面提高开放型经济水平,我国在进一步转变外贸发展方式的进程中,必须充分挖掘并发挥制度性因素的潜力。

第二节
研究意义

一、理论意义

研究国际贸易问题,主要分析三方面的基本内容:贸易基础、贸易模式和贸易所得(贾明德等,2004)。按照古典国际贸易理论,劳动生产率的绝对或相对差异是国际贸易的基础,各国出口自身优势产品、进口自身劣势产品,最终都获得总消费水平的提高。按照新古典国际贸易理论,要素(资本和劳动)的充裕度差异是国际贸易的基础,各国出口密集使用本国充裕资源所生产的产品、进口密集使用本国稀缺资源所生产的产品。后来,研究者放宽了古典贸易理论和新古典贸易理论中的严格假设,提出了技术进步、知识扩散和溢出、不均质劳动力等重要假设,从而创立了贸易新要素理论、产品生命周期理论等论断。进而,在产业内贸易兴起的背景下,研究者将偏好相似理论、规模经济理论等引入这一现象的分析中。这些理论基本上是将技术、资源禀赋、分工协作等看做国际贸易的原因,而未涉及导致这些国际差异背后的各国制度差别，从而在他们对贸易模式和贸易所得的分析中，也是以商品生产价格（成本）作为分析变量，缺乏与商品生产所依托的宏观和微观制度环境之间的联系。杨小凯等（2000）创立的新兴古典贸易理论运用超边际分析论证了贸易内生于专业化分工和市场一体化，他们看到了折中专业化经济与节省交易成本之间的两难冲突，使用制度解释生产和贸易的范式更加迈进了一步。但是，他们同之前的研究一样，并未着重探讨各国间不同的制度供给和企业对制度的利用能力的差异对贸易原因、格局和结果的影响。尽管 21 世纪以来，Grossman 等（2004）、Berkowitz 等（2006）、Nunn（2007）、Antras 等（2009）及茹玉骢（2009）所提出的契约的不完全性能够影响国际分工和交换格局的理论判断，使对问题的研究更加接近现实，但他们仅是沿着交易成本经济学的语境定义制度的，将制度限定于对契约的事前或事后保障措施。

目前，制度对各国经济的影响不再是简单地以所有制结构、宏观经济政策等描述了，而是已经渗透到了生产者和消费者的每一项决策中，不同的制度变量会导致市场主体在联合或分立、自由贸易或产业保护、资本和劳动力流动等方面采取不同的态度。诸多市场主体态度的集合会产生不同的决策均衡，对于一国的对外贸易和世界贸易格局的演变会造成重要影响。制度也不能简单地被评价为好或坏，而应参照本国的产业发展对制度供给的需求状况和利用能力进行阐述。本书将制度性因素进行细分，采取统分结合的方法探究不同的制度变量对我国对外贸易比较优势的影响，从而把制度性因素作为一种要素禀赋纳入贸易模型，解决了传统国际贸易理论中比较优势和比较利益的外生化缺陷，也为内生贸易理论从不同的研究视角找到了更加直观的论证。同时，把将不完全契约理论引入国际贸易分析的现有文献加以拓展和系统化，是对现有国际贸易理论体系的一种尝试性创新，也弥补了国内就此问题研究的一些空白，丰富了相关文献。

二、现实意义

近代以来的世界经济史表明，后起飞国家在走过早期的低成本出口增长阶段之后，需要重新认识自身在国际分工中的位置，调整对外经济贸易结构，开发和培育出口产业新优势，即外贸发展方式转变（商务部研究院课题组，2012）。加入WTO以来，我国进出口持续快速增长，同时外贸顺差和外汇储备急剧增加、人民币升值压力加大、与主要贸易伙伴摩擦加剧、大宗商品进口价格攀升等问题日益突出，一定程度上影响了宏观经济的协调和稳定。为实现外贸发展方式的转变，我国采取了一系列新的政策和措施，以"调结构"、"促平衡"、"转方式"为方向进行了努力并取得了一定的积极成效。然而，随着近几年我国刘易斯转折点的到来和劳动力优势的"蝶化"（杨继军等，2012），以及欧债危机和美国量化宽松政策等因素使世界经济环境更加趋向复杂甚至恶化，我国转变外贸发展方式的任务更加艰巨，外贸战略与政策调整需要兼顾多重目标和任务。而转变外贸发展方式的首要含义是转变国民收益分配方式和格局（裴长洪等，2011），即实现包容性增长，既不能陷入比较优势陷阱，也不可盲目进行产业升级甚至出现高水平重复建设。因此，单纯地就要素转换来谈外贸发展方式转变，是难以解决问题的，而是应寻求新的要素来源，也就是引入制度变量来改善市场经济条件下的均衡结果，从而提高我国外向型经济的发展水平和可持续性。制度本身是实现外贸发展方式转变的必要条件和保障（钟山，2010；商务部研究院课题组，2012；张莉，

2012)，同时制度创新也应是我国发展对外贸易的优势来源之一。根据新制度经济学理论，制度能够影响经济中的私人产权及其衍生物——剩余索取权（控制权）、经济租等的界定分配过程和结果，而不同的产业对于制度供给的需求弹性和利用能力有所差异，制度的变动会引起贸易结构和竞争力的变动，因此制度创新是我国对外贸易发展的重要动力之一。

制造业是我国对外贸易的主要部门。"十一五"期间，我国工业制成品出口额达 60596 亿美元，占同期货物出口总额的94.7%，工业制成品顺差额累计达 22937 亿美元，是同期累计总顺差额的 2.05 倍，制造业实际利用外商直接投资额达 2272 亿美元，占全部行业实际利用外资总额的 53.3%。2011~2012 年，一方面中国制造业开始由沿海向内地转移（巴曙松，2012），另一方面越来越多的跨国公司考虑将产业转移的重点转向其他发展中国家（林火灿，2012）。根据《中经产业景气指数报告》显示，2011 年第三季度至 2012 年第四季度，家电、钢铁、装备制造等多数制造业行业的景气指数均处于下行区间，产业预警指数均基本位于偏冷范围内。可见，我国制造业进入了一个发展转型的关键期，亟待引入新的优势来源——制度性因素，通过加大制度供给、优化制度结构、强调制度创新实现制造业的产品升级、合理集聚和可持续发展，进而提高其国际竞争能力和贸易得利。本书将制度通过影响产权及其衍生物对我国制造业比较优势产生影响的动力、过程和结果作为研究对象，进而探讨如何优化制度安排、改善制度环境，充分挖掘制度性因素的潜力并使之服务于我国的外向型经济的发展，因而具有一定的实践价值。

第三节
研究内容、方法和技术路线

一、研究内容

结合本书的研究背景和目的，本书以制度如何在企业、市场和国家层面上影响中国制造业的比较优势为主要研究内容，探究不同层面上的制度性因素对于中国制造业比较优势的影响机制和现状，并为中国制造业的转型发展提供合理的对策。本书的各章安排如下：

第一章是绪论，主要介绍本书的选题背景、研究意义、研究内容、研究方法、主要创新点和不足等，从而引出全书的分析。

第二章是相关文献评述，主要介绍和评价国内外运用比较优势理论、新制度经济学对本书相关问题的现有研究文献，从而指明本研究的文献基础及可能创新的方向。

第三章是理论框架，主要说明本书对制度的本质和思想内核的理解，并且构建了一个制度通过多种途径影响贸易比较优势的理论框架。一方面，对本书涉及的几个重要概念加以界定和辨析，如比较优势、制度、产权、交易成本和转变外贸发展方式等，回顾其理论渊源，并结合现有研究与实践发展，对其进行拓展和创新；另一方面，对这些核心概念之间逻辑关系进行描述，以从整体上把握不同层面上的制度对于比较优势的作用机制。

第四章是企业层面的制度对中国制造业比较优势的影响，主要分析由于存在资产专用性，企业在面临由中间品买卖契约不完全所导致的被"敲竹杠"风险时，如何权衡中间品的交易成本和纵向一体化带来的组织成本而选择企业边界，进而影响国际分工和贸易比较优势的基本原理，并且利用中国的经验数据对由原理所推导出的假设进行实证分析，最终得出本章小结和相关建议。本章中"企业层面的制度"主要是指能够直接对企业追求中间品交易中的剩余控制权产生影响的制度，做出选择决策的主体是企业。

第五章是市场层面的制度对中国制造业比较优势的影响，主要分析由于商品和私人资产往往具有不完全公共性和"可变性"，不同市场主体对商品和资产的"可变性"采取分担机制，这种分担机制如何影响企业的隐性成本，进而影响其比较优势的基本原理，并且利用中国的经验数据对由理论模型所推导出的假设加以实证分析，最终得出本章小结和相关建议。本章中"市场层面的制度"主要是指能够影响"可变性"分担机制在要素市场中发挥作用的范围和比重的制度，做出选择决策的主体是市场。

第六章是国家层面的制度对中国制造业比较优势的影响，主要分析由于政府拥有一定的市场权力而形成经济租，这对企业来说是一种生产者剩余或超额利润，从而企业或自然人便会形成利益集团去寻租，这种集体寻租的"租耗"（租金消散）过程及公共政策对其的规制方案如何影响经济系统的整体效率和贸易比较优势的基本原理，并且利用中国的经验数据对由原理所推导出的假设进行实证检验，最终得出本章小结和相关建议。本章中"国家层面的制度"主要是指能够对利益集团的形成及其寻租过程中的各方决策和均衡结果产生影响的制度，做出选择决策的主体是所有市场主体及公共财政。

第七章是政策含义，主要结合中国转变外贸发展方式的背景，对中国制造业在转型升级过程中，如何利用制度优势增强比较优势和提升贸易得利进行政策性分析。

第八章是本书结论与进一步研究的方向，主要对全书内容进行总结，并分析未来有待进一步完善的研究方向。

二、研究方法

鉴于本书的内容安排，本书的研究综合运用了多种研究方法。从总体来看，本书坚持理论分析和实证分析相结合，在理论分析中运用历史归纳的方法提出问题，进而用逻辑演绎的方法进行推理论证，而实证分析同理论分析紧密衔接，将理论内容加以指标化，进而运用中国的经验数据来进行计量分析。本书涉及的研究方法主要有以下几个：

(一) 层次分析法

层次分析法（Level of Analysis）原本是国际关系研究中的重要方法之一，最早由肯尼思·华尔兹（1959）提出。一般而言，国际关系学将分析层次划分为个人、国家、地区、国际体系，其中前者是组成后者的基本单位，当前者实现集合化并具备一定的运行规则，便形成了后者。本书对这种方法加以借鉴，将制度分为企业层面的制度、市场层面的制度和国家层面的制度。三者反映的是制度的不同层面，依次是包含与被包含的关系。无论是三者中的哪一个，制度中的最终决策者都是企业，制度的最终约束或激励对象也都是企业，然而三者的直接决策者和直接约束对象是不同的，分别是企业、市场和国家。对制度的这种层次分解，同时也是对比较优势这一因变量的多层面的理解，从而有助于构建本研究中的多变量间的对应关系。

(二) 历史分析法

历史分析法（Historical Analysis）是运用发展、变化的观点分析客观事物和社会现象的方法。最早将历史主义引入经济学研究领域的是弗里德里希·李斯特。余章宝（2002）在评价李斯特的研究范式时称他"十分注意理论与历史经验、演绎与归纳、经济学理论与经济学说史的结合"。因此，历史分析法应是为理论与经验研究服务的，能够使理论分析具有更深刻的现实依据和更全面的概念性把握，有助于本书在研究中展开逻辑关系并提炼思想观点。本书主要是在第四章、第五章、第六章的分析中以对相关理论概念的现实发展的回顾而引出逻辑和数理分析。这样既可以使本书的研究具备现实基础，又能够结合现实发展拓展对经典概念的界定，推动分析的深入。

（三）演绎—归纳法

演绎法和归纳法是逻辑推理中的两种重要方法，两者的思路是相反的，但又是相辅相成的。演绎法是从普遍性结论或一般性事理推导出个别性结论，归纳法是归纳诸多个别的事例或分论点的共有特性，从而得出具有一般性的结论。本书主要通过对现实发展状况和经典理论及概念加以论述，将前提条件进行规范化表述，进而进行逻辑发散，加入新的变量并区分不同的情况，以论证问题的作用过程和机理，即演绎法。其中，辅之以思想实验和数理推导等方法。同时，将本书中诸多特例下的个别性结论及由实证分析得出的观点进行整合归纳，抽象出更具一般普适意义的结论，即归纳法，从而更加接近问题的本质。

（四）计量分析法

计量经济学是在一定的经济理论和统计资料的基础上，运用数学、统计学方法与计算机软件，通过建立经济计量模型定量分析研究随机性变量间关系的一种方法论。本书的实证分析部分以计量经济学分析方法为主。构建反映比较优势的指标作为因变量，构建反映制度性因素的指标作为自变量，按照理论原理和建模原则进行计量建模，并运用中国的经验数据加以检验，以得出量化结果，同时通过与理论假说进行对照来得出主要结论。在具体的研究过程中，为了防止内生性问题等可能出现的计量谬误，必要时本书选取工具变量并使用二阶段最小二乘法（2SLS）进行检验。

除以上几种方法之外，本书的研究还涉及文献回顾法和政策分析法，以实现对相关研究主题的发展脉络和趋势的清晰掌握及对多个层面的制度和政策的全面了解，从而使本书的创新之处更有理论支撑和现实依据。

三、技术路线

本书中的每一部分都主要对应着几个研究方法，每种研究方法都是根据所研究对象的特性而有针对性地使用。本书的技术路线如图 1-1 所示。

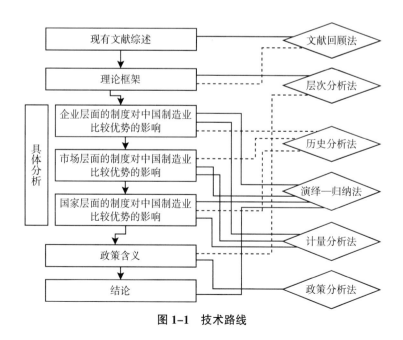

图 1-1　技术路线

第四节
创新点和不足

一、可能的创新点

本书在现有文献的基础上进行了一定的创新性探索，主要体现在以下几个方面：

第一，本书从制度与比较优势的关系探讨中国制造业转型。2008 年下半年由美国次贷危机引发的全球金融危机传导至中国之后，我国实体经济尤其是制造业发展的困境是有目共睹的，甚至有的人表示了对"制造业危机"的担忧（郎咸平，2010）。尤其是外向型制造业企业，受投资经营环境、市场需求和生产成本的负面影响，陷入了一定的困境。为促进我国制造业顺利转型升级，我国政府出台了一系列宏观经济政策，研究者也通过多种理论视角来破解此问题。如孙早等（2010）从全球价值链角度提出发展中国家应避免工业化大国的产业战略及"瀑布效应"带来的低端锁定；阮建青等（2010）认为企业家和地方政府应形成集体行动，以应对危机为契机实现产业集群的质量升级；李春顶（2010）认为制造业出口企业应更多地关注以技术创新为动力的生产率提高，避免研发惰性；邱斌等（2010）认为制造业出口应发挥"本土市场效应"，在国内形成良好的经营环境和激烈的市场竞争；钱学锋等（2011）从进口结构角度探讨了中国制造业全要素生产率的提高之策。这些研究从不同角度探讨了中国制造业尤其是外向型制造业，在后危机时代和传统比较优势"蝶化"背景下如何调整发展战略，而且很多文献都涉及了制度变量，认为需要改善制度环境来促进制造业转型。然而，以后危机时期中国制造业转型升级为主题的大部分研究，都未系统分析制度与中国制造业比较优势的关系，也就是说，没有把制度作为核心解释变量来探讨其对制造业比较优势的影响。本书弥补了这一不足，从当前制造业产业发展和出口优势提升的现实需要入手，引出这样一个基本判断——制度性因素引起的产业结构、企业规模和产业链关系的变动能够成为制造业出口优势的重要推动力，并深入加以分析。

第二，本书将制度变量从本质上加以分解，通过统分结合的方式探讨其对制造业比较优势的影响。目前，国际和国内关于制度变量与贸易动力、贸易格局和特定产业或地区的比较优势关系的研究开始兴起，"制度是一国比较优势的重要来源"这一论断已经得到了很多研究者的认可。然而，制度本身的内涵和外延在诸多文献中指代不一，因此其对比较优势的影响机理在不同文献中也存在较大分歧。Levchenko（2004）、Grossman 等（2004）、Berkowitz 等（2006）、Nunn（2007）、Antras 等（2009）的研究基本上都是沿着 GHM 模型的思路，他们语境下的制度即指合约（契约）实施制度。但是，制度对合约的影响是事前监督还是事后保障，这些文献的理解不一。但无论制度对契约的影响存在于哪一时段，可以肯定的是，契约不完全都会体现在企业决策的机会成本中（Grossman 等，2004），也就是说这些研究关注的是企业层面上的制度。但是还有对企业制度的不同理解，如剧锦文（2008）将企业制度定义为公司的股权结构和形式，认为其区别于融资、吸引人才方面的优势等"经营条件"和"运营环境"，James 等（2000）认为"代理成本"能够反映企业的股权结构和制度优劣，而张小蒂等（2003）认为制度优势应该是宏观层面的，国际制度竞争的主体是各国政府，可见该文献更为关注国家层面的制度。那么，如果要系统研究制度对比较优势的影响，则必须将制度进行分解，并在统一的理论框架下进行分析。本书认为，一切制度的本质都是对交易成本的节约，为实现这一目的，制度需要对产权加以界定，并对产权的变动负责。根据产权及剩余权利的不同具体表现形式，可以把制度分解为企业层面、市场层面和国家层面的制度。每一层面的制度都会间接地与国际贸易关联，其中间机制是产权的变动会对企业或利益集团提高效率产生正向或负向激励，而对于涉及出口的企业会由于规模经济效应以及知识溢出而产生放大效应。因此，本书具有一定的创新性。

第三，本书认为制度对比较优势的影响除了要看经济体及政府对制度的供给，还要看企业等对制度的需求弹性和利用能力，并在实证分析中加以体现。传统国际贸易理论都有一个经典假设，即企业的同质性，研究制度与国际贸易及比较优势关系的大部分文献也遵循这一假设。Nunn（2007）使用产品层面的信息对不同行业的契约密集度进行了测算，看到了不同行业或企业对制度供给的依赖程度差异，从而为制度与比较优势关系的研究开辟了一条合理的思路。国内学者如茹玉骢（2009）、李坤望等（2010）、刘斌等（2011）也都参考了这一思想。本书认为，不仅在制约合约不完全的制度上存在企业利用能力差异，在市场和国家层面的制度上也存在这一现象。因为制度的非排他性毕竟是不完全充分的，企业在寻求和利用制度性要素的时候需要付出直接成本或机会成本，所以企业对制度的需求量会随着制度的价格（即直接成本和机会成本）变动而变动，企业需要考虑自身行业或组织特征来做出选择，且选择量具有连续性。

二、不足之处

由于笔者能力和研究条件的限制，本文还存在很多不足，也是未来的研究中需要加以弥补的，至少包括以下几点：

第一，本书以制度对比较优势的影响为主要分析内容，可能会忽略现有著名经济学流派的一些论述，对诸多流派思想观点的借鉴吸收可能有一定的片面性。比如，以哈耶克和布坎南的宪政经济学和公共选择理论中对国家和公共政策有着很深刻的理解，本书还未完全将其思想纳入理论框架中。再如，法律是正式制度的最高形式，法经济学是目前较有发展前途的一门交叉学科，但本书相对较少区分正式制度与非正式制度，对中国及各国法律的具体规定涉及不多。

第二，受篇幅和研究能力所限，本书未专门分析由国际经济活动的规则集合而成的国际层面的制度。目前，国际正式和非正式制度对一国经济增长和对外贸易的意义已经引起了研究者的关注，如 Rauch 等（2003）考察了跨境网络对于国际贸易中信息成本控制的积极影响；张小蒂等（2003）指出在国际经济规则中的博弈属于国际制度竞争的第Ⅲ个维度；李光德（2011）提出了 SPS 协议（《实施动植物卫生检疫措施的协议》）中存在契约剩余控制权。本书主要考虑的是企业、市场和国家层面的制度，还未专门将国际层面的制度纳入分析框架。

第三，受笔者阅读范围和数据来源限制，本书还难以完全保证对指标的规定及其数据来源的绝对权威性。比如，衡量企业层面的制度的两个关键变量：市场要素计为获取购货信贷和强制执行合同的成本的几何平均值；组织要素开办企业和登记物权的成本的几何平均值的相对价格。这种界定和测度方法略显简单，需要在后续研究中拓展思路，提出并设定能够全面、准确反映相关变量的指标。

| 第二章 |

相关文献评述

第一节
第一节
比较优势理论的演进与发展

一、比较优势理论的演进过程

比较优势理论起源于李嘉图的相对成本论，后来经过了无数研究者的论证和拓展，现在已经形成了丰富的理论体系。按照周琛影（2007）的划分，比较优势理论大致以 20 世纪 50 年代为界，划分为两大阶段：一是以相对成本论和 H-O 理论为代表的传统比较优势理论；二是在产业内贸易和不完全竞争兴起的现实冲击下发展的现代比较优势理论[①]。本书也借鉴此种划分来综述比较优势理论的演进。

（一）传统比较优势理论

一般认为，围绕着李嘉图的相对成本论和 H-O 理论的研究都属于传统比较优势理论。李嘉图（Ricardo，1817）开了比较

---

① 类似的划分还有王世军（2007）、张亚斌等（2009）。

优势研究的先河①，他认为只要存在劳动生产率在国家间的差别，就有国际贸易的动力，而这种差别可通过相对劳动生产率、相对生产成本和产品机会成本衡量。李嘉图的这一思想本身存在一定的争议。如克鲁格曼等（2001）曾解释了理解相对成本论的三大误区：一是"一国只有当生产率达到一定水平，才能从自由贸易中获益"；二是"若来自他国的竞争是建立在低工资的基础上，则这种竞争是不公平的"；三是"如果一国的工人工资低于他国，则贸易使该国福利恶化"。萨尔瓦托（1998）提出在考虑比较优势的货币化之后，不会改变比较优势原理，原因是劳动生产率低的国家，其工资也较低。Viner（1937）将李嘉图的 2×2×1 模型拓展为 N×N×1 模型，分析了多国、多产品下的情形。黄亚钧（1983）批评了李嘉图的理论，他认为李嘉图混淆了价值规律本身同其发生作用的外部条件的区别等。张明志（2008）认为相对成本论在逻辑上不存在问题，对经验事实也能有效解释，所以该理论具有合理性及现实意义。因此，李嘉图的思想内核为后来的研究奠定了基础。

相对成本论中，比较优势的产生是由于各国劳动生产率（劳动是生产的唯一要素）之间存在差异。但是李嘉图并没有解释各国劳动生产率差异的原因，因此相对成本论，严格来说属于一种外生比较优势理论（杨小凯等，2001）。赫克歇尔和俄林开创的要素禀赋理论（H-O 理论）放松了劳动是唯一的生产要素的假设，且假定两国不存在外生比较技术优势的差异。Ohlin（1933）提出："贸易的首要条件是，有些商品在某一地区比在

---

① 尽管托伦斯（Torrens, 1815）在李嘉图之前就阐述过比较优势思想，甚至有人认为比较优势最初是由桑顿（Thornton, 1802）从对国家黄金储备的分析中提出来的，但一般认为是李嘉图的《政治经济学及赋税原理》才使得该概念广为流传。

其他地区能够更便宜地生产出来。一个地区的出口商品含有相对大量的、比其他地区便宜的生产要素，而进口的是其他地区能够更便宜地生产的商品。总之，进口的是使用高昂生产要素比例大的商品，出口的是使用低廉生产要素比例大的商品。"后来，萨缪尔森等的工作将 H-O 理论数学化，使其成为新古典国际贸易理论的核心内容。Ethier（1974）把这些理论总结为四大"核心命题"：Lerner（1952）和 Samuelson（1948，1949）的 FPE定理、Stolper 和 Samuelson（1941）的 SS 定理、Rybczynski（1955）的雷布津斯基定理、Heckscher（1919）和 Ohlin（1933）的 H-O 定理。这些理论的核心观点是，各国的相对要素丰裕度（即要素禀赋）是贸易中各国比较优势的基本原因和决定因素，且这种要素与商品的相对价格的各国间差异可转化成为各国间要素和商品的绝对价格的差异。由于 H-O 理论的假设条件过严，影响了理论对现实的解释力，因而后来研究者将假设条件放松，使理论研究向贸易现实更加逼近。比如，放宽了要素密集度不会发生逆转的假设，拓展了模型维度，形成了特定要素模型（RV 模型）。

（二）现代比较优势理论

随着国际贸易规模迅速扩大，贸易模式出现诸多变化，以比较优势为研究对象的国际贸易理论也开始表现出新的发展特征。"二战"后至今出现的以新贸易理论和新兴古典贸易理论等，均把企业或产业层面上的比较优势作为研究对象之一，并部分性地坚持了传统比较优势理论的核心观点。20 世纪 50~60年代，研究者发现了 H-O 理论中比较优势仅来源于资本和劳动这两种要素的不足，对资本这一要素加以拓展，创立了人力资本学说，进而发展出了 R&D 学说、信息贸易理论等①。Vernon（1966）开创的产品生命周期理论（PCT）将动态比较优势和国际要素流动及规模经济相结合考察，更加符合"二战"后国际贸易的主流趋势。但真正开启比较优势理论现代化的是 Krugman（1979，1980）引入 DS 模型而创立的贸易规模经济理论，即新贸易理论。新贸易理论主要包括四个代表性模型：Falvey（1981）的法尔维模型、Krugman（1979，1980）的克鲁格曼模型、Lancaster（1980）的兰开斯特模型和 Brander（1981）的布鲁克—克鲁格曼模型（见表 2-1）。这些模型也是对比较优势理论的重要贡献②。

表 2-1 新贸易理论的代表模型的内容比较

模型	模型假定				比较优势提升的机制
	市场结构	规模经济	产品特性	投入要素	
法尔维模型	完全竞争	不变	垂直差异	资本、劳动	为促进临界值 α^E 的改变，通过外界因素提高产品和服务质量
克鲁格曼模型	垄断竞争	递增	水平差异	劳动	"选择效应"下保留的企业利用规模经济扩张产出，从而降低平均成本，新兴行业中的先入者更是如此
兰开斯特模型	垄断竞争	递增	水平差异		开放贸易中产品数目的增加迫使企业生产差异化产品以吸引潜在消费者，进而实现更高的产量和更低的平均成本
布鲁克—克鲁格曼模型	寡头垄断	不变	相同产品		寡头在存在运输成本的情况下仍向他国扩大供给，主动采取"倾销"战略以实现长期收益最大化

————————

① 这些理论在贾明德等（2004）编写的《国际贸易学》教材中被统称为"国际贸易新要素理论"。

② 尽管这些模型淡化了比较优势作为贸易动力来源的功能，但是它们均看到了比较优势的增进是各国企业追求规模经济和专业化生产的结果。周琛影（2007）认为产业内贸易理论默认的是比较优势只适用于解释产业间贸易，而产业内贸易需要用规模经济解释。但本书不赞同此观点，因为比较优势理论应该是对比较优势的全方位认识，从动态看，任何形式的贸易动力都会对比较优势产生影响，进而在长期中影响贸易模式和格局。梁琦等（2002）侧面支持了本书的这一看法。

　　新贸易理论相对缺乏对比较优势的动态分析[①]，而杨小凯等（2000，2001，2002）和 Sachs 等（2001）的新兴古典贸易理论将比较优势作为内生变量纳入贸易模型，是对比较优势内生化和动态化分析的重要贡献之一。杨小凯等（2001）认为一般均衡是技术、禀赋、偏好、交易效率等多个参数经由价格、数量之间无数反馈圈而得出，而相对成本论和 H-O 理论企图用资源的分配和流动等非拓扑性质变化解释国际贸易是无法预见一般均衡的。该文献还指出，新贸易理论也属于外生比较优势理论。杨小凯等（2000）将消费者和生产者角色合并，认为个人能力多样化和消费偏好多样化使人们看到了专业化生产的高效率，进而形成内生比较优势及分工经济，从而使重复学习费用得以节省，而交易效率的持续提高能够促使劳动分工演进深化，且市场一体化程度得以提高，当市场一体化发展到一定程度，国内贸易便演变为国际贸易。周琛影（2007）、赵伟（2008）等认为，内生比较优势理论主张从李嘉图的相对成本论回归到斯密的绝对成本论，但有足够多的证据可以反驳这种判断[②]。

　　除了新兴古典贸易理论，还有一种实现比较优势内生化分析的途径，那就是 Grossman 等沿着新贸易理论的一些假设所开创的源于规模经济的动态比较优势理论。Grossman 等（1991）认为内生比较优势演变中有两个驱动力来源：一是一国范围内的知识外溢或部门内的"干中学"会不断强化原有比较优势，使比较优势模式的演变呈固化性（Per-sistence）特征；二是国

----

　　① 有的研究者将新贸易理论归结为"不完全竞争市场静态比较优势理论"，如张亚斌（2002），但本书认为并不能简单地将新贸易理论定义为静态的理论，只能说是相对缺乏对比较优势的动态分析。

　　② 本书认为内生比较优势理论的文献对李嘉图理论提出批评的同时，也未明确指出需要向绝对优势理论回归。本书坚持由相对成本向绝对成本的回归是贸易理论的倒退，杨小凯等的理论并未彻底否定传统比较优势理论，而且吸收了其思想内核。

际范围内知识外溢、部门间"干中学"率的差异或创新率的差异可能引致初始的比较优势发生转化，使比较优势的演变呈流动性（Mobility）特征。Krugman（1987）、Lucas（1988，1993）、Young（1991）均对这一理论做了贡献。

二、对比较优势理论的质疑与创新

从列昂惕夫之谜（Leontief Paradox）起，研究者对比较优势理论的疑问和争论从未停止过。有的质疑沿着比较优势的来源及其对贸易格局的影响继续深化，形成了新的比较优势理论，如新兴古典贸易理论；有的质疑通过其他范式解释和深化，创立了其他的贸易理论，如国家竞争优势理论；有的质疑受数据等因素制约还未有广泛的实证支撑，或因其他原因还没有形成系统化的理论，但仍有重要的参考价值。本部分旨在对后两者进行简单评述。

（一）实证诘难

质疑李嘉图相对成本论的实证研究主要有 Sailors 等（1970）和 McGilvray 等（1973）。Sailors 等（1970）采用"第三国"方法，发现超过一半的样本显示贸易出口额同每个工人的增加值之间是负相关关系；McGilvray 等（1973）研究了英国和爱尔兰的部门出口倾向和进口倾向同相对劳动生产率之间的关系，发现这种相关关系在统计上是不显著的。质疑 H-O 理论的研究主要分为两个方向，一是沿着 H-O-V 模型[①]的研究，二是对 H-O 理论基本假设的质疑。其中，Bowen 等（1987）通过符号检验法和排序检验法发现 H-O-V 模型对贸易的预测概率仅为 50% 左

---

① H-O-V 模型是由 Vanek（1968）和 Leamer（1980）提出的贸易要素含量模型，属于广义的 H-O 理论的组成部分。

右；Trefler（1993，1995）的研究认为 H-O 理论能够很好解释贸易现实的关键是考虑生产技术和消费偏好的国际差异；Chio 等（2004）认为 H-O 理论的成立需要放弃一些假设，如要素价格国际均等化假设等；Minhas（1962）、Hunter 等（1988）和 Arrow 等（1961）分别质疑了 H-O 理论中的不存在要素密集度逆转、国际间偏好相同和国际间生产函数相同等假设。由于新贸易理论未形成统一的理论假说，研究者从实证上的质疑较为零散，其中 Head 等（1999）和 Trefler（2001）对"选择效应"和"规模效应"的质疑比较重要。另外，方晋（2004）利用 148 个国家的经验数据对新兴古典贸易理论进行了实证分析，认为其理论假说不能成立。

（二）比较优势的多种来源或影响因素

如果仅以比较优势理论中的某一个理论解释一国的比较优势和出口贸易，则很容易遭到实证诘难。由此，很多研究者进一步开拓了比较优势的来源，并分析了多种影响因素。王世军（2007）提出了"综合比较优势"，将综合比较优势定义为外生比较优势（分工前）和内生比较优势（分工后）的聚合，是消费者效用最大化的表现，可分为生产优势、需求优势和交易优势。该文献还实证分析了反倾销、出口配额管理等贸易政策对综合比较优势的影响。刘厉兵等（2011）在分析自然灾害对贸易流动的扰动效应时，也以比较优势由生产率、要素禀赋、经济制度合力而成的作为理论前提。张小蒂等（2001）认为中国比较优势的内涵应从资源、外部经济、竞争优势三个层次拓展，尤其要重视对外部经济和后发优势的利用，加大制度创新。Morrow（2007）提出了 RHO 模型，认为国际分工模式应由生产率和要素禀赋共同作用形成的比较优势决定，建议在 RHO 模型的构建中使用国家层面生产率、与要素密集度无关的产业层面生产率、要素密集度三个变量解释国际贸易模式。刘厉兵等（2008）认为 RHO 模型除了包括 Morrow（2007）的源于 H-O-V 模型的 RHO，还包括 Bernard 等（2007）的源于新贸易理论的 RHO 以及 Chor（2007）的源于李嘉图模型的 RHO。王元颖（2005）将以 Grossman 等（1994）的"保护代售"模型为代表的贸易的政治经济学定义为"关税内生化理论"，也为比较优势内生化分析开辟了一条新的思路。另外，Grossman 等（2004）、Nunn（2007）研究了合约实施等制度变量对于比较优势的影响，将在第二章第二节中重点评述。

（三）微观化拓展

国际投资与国际贸易有着深层次关系，而在跨国公司兴起背景下，对这一关系的探究更加适合微观分析。由 Melitz（2003）开启的异质性厂商贸易理论[1] 突破了以往贸易理论中的代表性厂商假设，认为企业效率的差异同出口活动之间存在因果关系，但由于"干中学"效应，这种因果关系是双向的，而且受汇率、政策和产业集聚等因素影响，企业会在国内销售、出口和 FDI 之间做出选择。所以，本书认为异质性厂商贸易理论严格来说不能算作比较优势理论，这一理论抽掉了比较优势的内生或外生来源，仅以企业生产率来代表企业自我选择效应（Self-selection）的基础和自由贸易的结果，且这一理论较为松散，数据制约使实证检验的难度较大（陈策等，2010）。但异质性厂商贸易理论所涉及的重要概念、方法和思想对于比较优势理论的进一步发展有重要借鉴意义。

---

① 有的研究者将异质性厂商贸易理论归结为"新—新贸易理论"，如程大中（2009）、李春顶（2010）等。

(四) 来自发展经济学的质疑①

很多国家按照自身比较优势进行生产和贸易，并取得了巨大成就，如亚洲"四小龙"等，但拉美国家由此陷入了"比较优势陷阱"②。林毅夫等（1999，2006，2008）高度评价了中国在改革开放中对比较优势战略的应用，林毅夫等（2005，2007）将这种成功归结为对赶超部门的改革和对后发优势的利用。但很多研究者对此提出了质疑，同时也对比较优势战略乃至比较优势理论提出了挑战。其中代表性观点有：洪银兴（1997）认为讲求质量和效益的对外贸易不能停留在现有比较优势上，而应把这种比较优势转化为竞争优势；郎永清（2004）认为产业的"自增强机制"会限制一国的产业结构调整；徐剑明（2004）指出中国传统优势产业存在刚性，且利用外资会强化这种刚性；廖国民（2003）认为中国应实施选择性赶超战略，在关键产业和技术领域有所突破，并发挥其辐射效应和起飞效应；张亚斌等（2009）认为中国固守比较优势理论模式的贸易格局是行不通的，而应在某些领域实现重点突破与赶超；黄志启等（2010）认为劳动密集型产业对于一国经济发展的意义有诸多先天限制，并从我国地区差异、政府的有限性和市场产权制度建设等角度反驳了林毅夫的观点。

---

① 发展经济学主要研究的是农业国家或经济落后国家实现工业化和现代化，或实现经济发展和经济起飞的问题（张培刚，1989）。

② 比较利益陷阱是指在劳动密集型产品和技术密集型产品的贸易中，以劳动密集型和自然资源密集型产品出口为主的国家总是处于不利地位（赵丽红，2011）。著名的"普雷维什—辛格命题"对国际贸易条件恶化的论述是比较优势陷阱论的思想源泉。

第二节
新制度经济学及其在国际贸易领域的延伸

一、新制度经济学的边界和演进

新制度经济学是用经济学方法研究制度的经济学（卢现祥，2011）。大部分文献认为新制度经济学起源于科斯（Coase，1937），而最先提出"新制度经济学"（New Institutional Economics）的是威廉姆森（Williamson，1975）。盛洪等（1990）认为新制度经济学是经济学领域的一场革命；欧阳日辉等（2004）认为新制度经济学革命引起了人们重新认识经济现象、确认研究目的、评价效率含义。尽管新制度经济学是从西方国家的历史和现实中提炼而成，但仍具有一般性（卢现祥，2011），对市场、企业、国家等诸层面的经济现象都具有解释力。很多文献认为新制度经济学还未形成一个严格的统一范式[①]。此部分对新制度经济学边界演进加以梳理，旨在对制度变量的质和量以及二者规定性分析进行铺垫。

（一）新制度经济学的边界

对新制度经济学的边界，新制度经济学、老制度主义、经济思想史的代表人物的看法出入较大。新制度经济学家Williamson（1975）认为新制度经济学包括：①应用微观经济理论的可接受部分解决事先未预料到的微观经济现象；②把"交

[①] 目前能够成型的各分支存在重合之处（弗鲁博顿等，2006），不同学派对这一学科的划分和边界也存在争议。

易"视为核心，并认为这一点应重新受到关注。同为新制度经济学家的弗鲁博顿等（2006）认为新制度经济学的分支应包括交易成本用经济学、产权分析、合约经济理论、经济历史的新制度分析、政治经济学的新制度分析、宪政经济学。老制度主义者 Hodgson（1993）依据"个人主义方法论"的假设对新制度经济学边界加以划分。经济思想史学家卢瑟福（1999）也进行了相关的边界认定。总结这些经济学说史文献，可将各学派对新制度经济学边界的划定进行比较，如表 2-2 所示。

表 2-2　对新制度经济学划分的三种代表性观点比较

	新制度经济学		老制度主义	经济思想史
	Williamson	弗鲁博顿等	(Hodgson)	(卢瑟福)
产权理论	√	√	√	√
交易成本理论	√	√	√	√
契约经济学	√	√	√	√
经济史的新制度分析	√	√	√	√
宪政经济学	×	√	√	√
法和经济学	×	√	√	√
演化经济学	×	×	×	√
现代奥地利经济学	×	×	√	√

注：张铭等. 新制度经济学的边界——三种代表性观点及其比较［J］. 中南财经政法大学学报，2006（6）[1].

（二）新制度经济学以交易成本为核心的发展

关于新制度经济学的思想起源，存在一定的争论[2]。无论其思想起源如何，大部分文献认为新制度经济学直接来源于对新古典经济学的批判和借鉴创新（袁庆明，2005）。科斯等

---

　　[1] 该文献认为 Williamson、弗鲁博顿等对边界的认定更加正确，本书也较为支持这两个文献的划分。
　　[2] 柯武刚等（2002）认为是大卫·休谟、弗格森和斯密，汪丁丁（2002）认为还包括涂尔干和孔德的社会学传统，还有研究者认为马克思的理论也属于其思想源头（诺思，1994）。

（2003）将主流经济学称为"黑板经济学"，因为教师往往在黑板上写满公式和教条，而不是去关注现实世界。而对现实世界的分析的起点应是个人主义方法论，即必须承认个人行为中的效用最大化、有限理性和机会主义（卢现祥，2011）。一旦放弃经济中"无摩擦"假设，便出现了由个人行为带来的摩擦所造成的交易成本。弗鲁博顿等（2006）提出："给定摩擦的存在，财产或者合约权力不可能在没有任何阻碍以及在不使用任何资源的情况下得以界定、监督和执行。相反，所有这些重要活动均隐含着交易费用的支出。"Stigler（1972）认为零交易成本世界与没有摩擦力的物理世界一样，是陌生而"不可理喻"的，而制度是为降低不确定性和交易成本而设置的行为准绳（North，1990）。可见，新制度经济学的主流分支均是围绕着交易成本这一核心概念进行拓展和分析的。

（1）交易成本理论本身。交易成本理论是新制度经济学中直接研究交易成本的一个分支，也是其理论大厦的基石。Coase（1937，1960）最早是用交易成本分析企业在生产与购买之间的抉择，并延伸至对企业最优规模的解释中。后来的研究者受其影响用交易成本来解释市场失灵（Arrow，1969；Williamson，1971），进而沿着类似的思路从不同角度做出了贡献[①]。但是，科斯等将交易成本的来源——产权默认为私有产权（张五常，2008），且仅围绕着企业的交易展开。而诺思的研究展示了利用交易费用或产权分析方法如何给我们带来一个完整的政治经济模型（弗鲁博顿等，2006）。弗鲁博顿等（2006）将交易成本分

---

① 张五常（Cheung，1969，1983）、Williamson（1985）对合约理论做出了贡献；Alchian（1969）对信息成本论做出了贡献；Jensen 等（1976）对委托—代理模型下的代理费用论做出了贡献；Olson（1965）对企业规模变动下的组织费用理论做出了贡献；Niehans（1971，1975）和 Richter（1989）对交易成本的模型化做出了贡献。

为市场型、管理型和政治型交易成本。沿着对交易成本和产权多个层面的理解，诸多研究者将"交易成本范式"应用于市场、企业和国家，开拓了多维创新路径。

（2）用交易成本范式来分析市场。关于市场的看法，以Williamson（1985）为代表的新制度经济学家认为市场结构偏离完全市场的现实状况是合理的，因为这是节省交易成本的均衡结果。Nelson（1970）认为对产品质量信息的搜索（包括广告）是需要成本的。巴泽尔（Barzel，1982）重点关注了"量度"带来的费用，即对产品真实价值的量化判断的成本，而很多方式有助于节省量度费用，如产品质保书、品牌、纵向一体化等。市场中的战略联盟引起了新制度经济学研究者的兴趣，但还未出现运用交易成本范式对其分析的经典文献（弗鲁博顿等，2006），中国研究者如杨瑞龙等（2003）、龙勇等（2011）做了一些有益的探索。另外，研究者还关注了市场交易合约的签订及签订后的实行和控制过程（Alchian等，1987；Mulherin等，1991；Williamson，1979，1985；Klein等，1978；Bernstein，1992），借用或创造出了价格刚性、进入壁垒、特许经营、专用性投资、管理合约、第三方仲裁等重要概念。

（3）用交易成本范式分析企业。新制度经济学关于企业的研究，同其对市场的研究有很多重合，二者的区别在于分析的直接对象不同。Coase（1937）最早对新制度经济学的开辟就是从对企业组织的分析入手的。后来研究者的开拓有：Jensen等（1976）、Jensen（1983）、Fama等（1983）认为组织是内部合约的联结，即相互分离的分离所有权与经营管理权的代理合约；Williamson等（1975）、Klein等（1978）研究了专用性资产对企业内雇佣关系（属于关系性合约的一种）的影响；Grossman等（1986）、Hart等（1990）、张五常（Cheung，1983）提出了不完全契约理论（GHM 模型），即现代产权理论，进而引出了财产权的分离——特定权利和剩余权利，并认为对剩余控制权（索取权）尽可能合理的安排是企业制度异质性的主导因素；Kreps（1990）、Miller（1992）将声誉效应引入对企业内部控制和激励成本的研究。

（4）用交易成本范式分析国家。一定程度来说，国家同企业之间既有相似又有区别，新制度经济学中的产权、交易成本、合约等方法也可运用于对国家的分析①。North（1981）基于合约原理构建了一个"简单的国家新古典理论"，Margaret Levi（1988）基于掠夺性原理解释了统治者及其代理人同选民之间的关系。除了对国家起源的研究外，新制度经济学家还研究了政治制度的作用（Moe，1990，1991；North，1990；Weinggast，1995）、政治市场（Moe，1990；Eisenhardt 等，1992；North，1994；Grossman 等，1996，1999；Dixit 等，1997）、国际关系（Kronman，1985；Haucap，1995；Gilpin，1981；James 等，1994）等领域。

二、新制度经济学在国际贸易领域的延伸

Grossman 等（2004）、Antras 等（2009）、Acemoglu 等（2007）将不完全契约理论引入对国际贸易问题的分析中，为新制度经济学在多个层面的应用开创了重要创新思路。另外，还存在其他内涵的制度变量用于分析国际贸易问题的文献，均值得详细评析。

---

① 现代代议制民主理论为社会中自我履约提供了很好的解释，而新制度经济学的优点在于自我履约得到了具体组织结构的描述（弗鲁博顿等，2006）。

（一）贸易合约制度与国际贸易

由于存在信息不对称和机会主义，国际贸易合约的实施质量是影响国际贸易的重要因素之一。旨在维护和提高国际贸易合约实施质量的制度分为非正式制度和正式制度，二者与国际贸易的关系引起了研究者的兴趣。

一方面是非正式制度同国际贸易的关系：Greif（1992，1994，1997）通过历史比较制度分析研究了欧洲中世纪以来的商业制度同国际贸易的关系，提出了"多边声誉机制"和"非匿名代理制度"等概念；Rauch 等（2002，2003）考察了跨境网络通过提供盈利机会信息而影响国际贸易的机制；Araujo 等（2005）发展了两国的不完全信息动态模型，其中涉及声誉等非正式制度对贸易流的影响，认为当合约实施较好时，短期中贸易同声誉的相关性较弱，但长期中贸易更加依赖声誉机制的建立；柯武刚等（2002）将国际贸易合约的非正式制度总结为"一个特殊专业圈子内非正式制度的信任和不依赖任何政府支持的强制执行制度"。

另一方面是正式制度同国际贸易的关系：North（1994）强调了国际商业仲裁机构、信用证制度、国际法庭等正式制度对贸易的重要促进意义；Ranjan 等（2005）将贸易产品分为差异化产品和拥有参考价格的产品，认为差异化产品更加依赖合约的实施质量；Berkowitz 等（2006）认为正式制度有助于培育互惠贸易；Dixit（2003，2004）认为小规模的贸易网络团体更加依赖自我治理，而大规模的贸易网络或团体更加依赖官方治理；Anderson 等（2002）分析了渎职和腐败对于贸易量的削减作用。

（二）国内合约制度与国际贸易

随着跨国公司的公司内贸易日益兴起，贸易合约制度已不能涵盖交易成本影响国际贸易的全部内容了。研究者开始关注基于国内合约制度的垂直一体化、专用性投资和技术选择对国际贸易的影响。如前文所述，研究者将 GHM 模型引入对国际贸易的分析，主要包括"专用性资产投资"以及"分工深化"和"技术选择"两类观点。

一方面是专用性资产投资的观点：Grossman 等（2004）指出契约不完全性会影响企业股权结构和空间位置的选择，进而影响国际垂直分工和进出口贸易；Berkowitz 等（2006）认为出口国制度质量同其复杂品比较优势正相关；Levchenko（2007）将贸易品分为资本性商品、劳动力性商品和混合商品，混合商品由于涉及专用性投资而被视为制度依赖性产品，制度质量的提高会降低该商品的生产成本；Nunn（2007）把中间产品的生产引入连续产品李嘉图模型中，认为中间产品涉及标准投入和特定投入，其中特定投入需要进行专用性投资，并构造了一个特定投入中的委托—代理的三阶段博弈模型，进而求解子博弈精炼纳什均衡，最终得出合约制度好的国家在密集使用定制投入品的最终产品上具有比较优势的结论；Antras 等（2009）通过对组织与贸易的文献进行综述，认为契约不完全导致了企业决策差异，而不同企业组织形式与国际贸易相互作用，进而决定了国际分工格局；李坤望等（2010）分析了中国各地区契约执行效率与出口绩效的关系，发现契约执行效率同物质资产专用性行业的出口优势正相关，而同人力资产专用性行业的出口优势负相关。

另一方面是分工深化和技术选择的观点：Costinot（2004）分析了不完全合约实施制度通过影响劳动分工、生产效率而影响贸易模式的机理，认为合约实施制度越完善的国家生产团队规模越大（因为制度足以保障劳动力之间合约关系的履行），从而大团队生产的劳动分工合作造成的收益就有可能大于专用性投资减少造成的损失,因而该国在复杂品上具有比较优势; Acemoglu 等(2007)发展了一个制度通过影响技术选择而影响贸易模式的模型,在越先进的技术涉及的中间品投入越多,且中间品的专用性程度也越高的认识基础上,将中间品供应过程分为可签约活动和不可签约活动,构建了一个四阶段完全信息动态博弈模型,认为契约不完全性同时减少了两类活动的投资,进而阻碍了企业对更高技术的采用,但签约制度的改善并不一定能够提高所有产业的技术选择水平,关键要看中间品互补性的强弱,该文献得出的结论是,一国的合约签订制度越完善,就越倾向于出口中间品互补性强的产品,进口中间品互补性弱的产品。

(三) 引入金融发展的分析

有的研究者看到了合约制度通过融资渠道而对比较优势产生的影响。Beck(2003)的研究发现,金融制度和金融市场可以降低信息搜集成本,克服道德风险和逆向选择,进而使更加依赖外源性融资的产业获得比较优势。Manova(2008)讨论了信贷约束同比较优势之间的关系,认为旨在解决信贷约束的资本市场自由化促进了外源性融资依赖型产业的出口。茹玉骢(2009)研究了中国合约实施效率的地区差异如何通过融资渠道来影响地区比较优势,发现合约实施效率越高,金融中介能够获得的事后实际清算价值就越高,且其事前合约中的贷款利率就越低,即融资成本获得全面下降,进而促进了企业融资规模和生产规模的扩大及负债比率的提高,最终导致了产品的价格下降,尤其在资本弹性高的产业,具有更明显的比较优势。

(四) 制度变迁、创新和演化与国际贸易

制度的动态变化也同国际贸易和比较优势存在关系,这也引起了研究者的兴趣。侯经川等(2006)以比较优势、有限理

性和制度二要素这三个基本假设为条件，以李嘉图"英国—葡萄牙"为例，对比较优势同制度安排的关系做了系统性探讨。该文献仅研究了比较优势条件对规则安排和组织安排的影响，还有大量研究关注到了制度对贸易优势的影响，尤其21世纪以来很多中国学者引入、创新竞争优势理论过程中重点关注了制度的变迁等对国家竞争优势的影响（张金昌，2001；陈立敏，2006；张小蒂等，2001，2003；洪银兴，2010）。另外，赫勒·迈因特（2002）还关注了在什么样的国内制度下出口扩大对于经济增长的积极意义更大，均不再赘述。

第三节
中国制造业发展转型的研究

一、主流产业经济理论中的制造业发展与转型

主流产业经济理论中的很多论述涉及制造业的发展和转型。制造业是一国国民经济的依托和经济发展的原动力，指对自然物质或原材料进行加工和再加工，为其他部门提供生产资料、为全社会提供消费品的生产部门（李金华，2010）。本书的主题是中国制造业如何挖掘和利用制度性要素来提升比较优势，进而实现制造业转型升级。因此，有必要将主流产业经济理论对制造业发展和转型的论述作简单评述。

（一）产业结构理论中的制造业

库兹涅茨（Kuznets，1971）认为产值结构和劳动力结构的变动趋势是农业部门比重不断下降，工业部门比重不断上升，但上升速度不一致（制造业各行业中同先进技术密切相关的新

兴部门增长最快），并提出了"库兹涅茨标准结构"。Chenery
（1975）也提出了类似的"钱纳里标准结构"。Rostow（1960）认
为主导产业会通过"不成比例地高速增长"，从而实现辐射带动
经济整体发展，并将经济成长划分为对应着不同主导产业的六
个阶段。杨公朴等（2002）认为目前更能对经济起到主导作用
的是主导产业群，尤其是微电子、计算机等高技术制造业集群。
以上理论可称作"非平衡增长理论"，同时还存在着 Rodan
（1943）的"大推进理论"和 Nurkse（1953）的"贫困恶性循环
理论"等"平衡增长理论"，不再赘述。

（二）产业关联理论中的制造业

魁奈（Quesnay，1758）最先提出"投入—产出"概念，但
其关注的是农业部门。马克思在《资本论》中对再生产理论的论
述吸收了魁奈的思想。真正创立产业关联理论并将研究重点放
在三部门间投入产出关系的是列昂惕夫（Leontief，1941），从而
投入产出表成为研究者分析制造业问题时的有力工具。"二战"
后产业关联理论步入了动态化、最优化、多元化的发展时期
（刘志迎等，2006），产生了很多著名学说，不再赘述。需要注
意的是，Chenery 等（1958）通过计算前后关联系数将产业划分
为四类：中间投入型基础产业（Ⅰ）、中间投入型制造业（Ⅱ）、
最终需求型制造业（Ⅲ）和最终需求型基础产业（Ⅳ）。

（三）产业组织理论中的制造业

产业组织理论的兴起是以 20 世纪大型制造业公司大量涌现
为背景的（卫志民，2002），早期研究者将"产业"等同于"制
造业"，把产业视为生产同一或相似产品的企业集合（周耀东，
2002）。SCP 范式的开创者 Bain（1951）最早分析市场结构—市
场行为—市场绩效的关系时是以美国制造业企业为样本的。后

来分流而成的各流派①,在理论上仍坚持以产品价格竞争、进入壁垒、串谋等市场行为为研究对象,在实证中仍以制造业行业或企业的案例或经验数据为来源,不再赘述。

(四) 产业布局理论中的制造业

产业布局理论是区域经济问题研究的深化 (杨公朴等,2002)。考虑产业布局应分别从主导产业、辅助产业及基础产业考虑,而主导产业和辅助产业在理论及实践中均是以制造业为主的②。研究中国制造业的产业布局同绩效和竞争力的文献也不胜枚举,均可为本书提供借鉴。

二、开放经济下中国制造业的发展转型研究

如本书前文所述,受本轮国际金融危机等因素影响,中国制造业目前面临着较为严峻的发展困境。近年来研究中国制造业在开放经济下的转型升级的文献非常多,此部分进行简要评述。

(一) 对制造业与其他产业融合的研究

制造业同生产性服务业的融合发展是近几年最为热点的一个研究方向。杨仁发等 (2011) 认为生产性服务业与制造业在价值链活动环节上相互渗透、延伸和重组,生产性服务业可以关系性地融合到制造业价值链的基本活动中,结构性地融合到其辅助活动中,从而可促进制造业的产业升级。唐强荣等 (2009) 认为生产性服务业与制造业共生发展的作用机制与种群属性、种群密度、制度环境变化和产业环境变化有关。高觉民等 (2011) 提出为实现生产性服务业与制造业的互动发展,应

---

① 这些流派主要包括哈佛学派、芝加哥学派、新奥地利学派及以博弈论分析为代表的新产业组织理论。
② 当然目前越来越多的理论和实践将贸易、金融、信息、运输等非制造业功能也考虑为区域经济的核心功能,如 Perroux (1955) 的增长极理论。

当构建好的制度环境以降低交易成本，调整优化制造业和生产性服务业的内部结构，培育产业集群和服务外包。姚星等（2012）运用门槛回归模型，分别以外贸开放度和国际投资开放度作为门槛变量，探讨了不同开放程度下生产性服务业对制造业生产率的外溢效应的差异。另外，熊勇清等（2010）探讨了战略性新兴产业与传统产业"耦合发展"的模式选择；刘民婷等（2011）以陕西制造业为例，运用 DEA 对陕西各主要制造业的产学研合作效率做了实证分析。

（二）对制造业技术溢出的研究

制造业技术溢出效应的来源有多种，如 FDI、进出口、相关制度安排等。姚志毅等（2010）运用 SFM 分析了中国制造业的技术效率和技术进步，以及其中的 FDI、内资、国际外包的贡献度，结果显示 FDI 和国内投资的贡献为正，国际外包中来料加工和进料加工的贡献为负。赖永剑等（2011）运用潜类别随机前沿模型（LCSFM）分析制造业俱乐部的技术前沿和生产函数异质性时，观察到了 FDI 及其他类型的知识溢出对中国制造业效率的影响。赵英（2007）认为中国制造业实行技术标准战略对于提高产业技术水平、增强国际竞争力具有重大意义。近年来还有一个研究方向重点关注了开放经济中的垂直专业化对于制造业技术溢出的作用，如黄先海等（2007）、盛斌等（2008）、文东伟等（2010）、孟祺（2010）、白嘉（2012）。

（三）对制造业空间布局的研究

制造业的空间布局，尤其外向型制造业的空间布局是影响制造业整体发展的重要因素。杨林涛（2012）分别对中国制造业的区域不均衡和省域与所有制类型不均衡进行了测度，认为这种不均衡格局一定意义上有利于制造业群聚优势的发挥，同时又呈现出不协调发展的特征，给制造业长远发展带来挑战。

邱灵等（2008）认为生产性服务业与制造业互动发展不仅包括产业关联还包括空间分布，并以北京为案例区，发现制造业与配套生产性服务业均具有空间集聚性的同时，集聚与分散的空间格局存在明显差异，且就业空间分布的一致性较差，进而提出了制造业与配套生产性服务业的空间可分性。唐根年等（2010）认为中国制造业集聚明显存在"东倾"特征，且并非所有制造行业生产效率与产业聚集度正相关，东南沿海一些制造业空间聚集过度，生产要素拥挤现象明显，生产要素配置存在输入剩余和输出亏空，并强调了东南沿海产业转移的重要作用。阮建青等（2010）认为在后危机时代，企业家和地方政府应形成集体行动，进而实现产业集群的质量升级。

（四）对影响制造业发展的其他因素的研究

在开放经济下中国制造业发展还会受到多重因素的影响，如卫迎春等（2010）认为研发投入、行业集中度、人均资本、劳动力效率和汇率对我国制造业国际市场竞争力均有显著影响。另外，韩云（2008）认为要想使区域制造业获得发展升级，必须提高其长期抗风险能力，并转变传统的物质资本招商模式；刘秉镰等（2010）研究了制造业物流外包同生产率的关系；刘沁清等（2011）研究了人民币汇率变动同制造业的利润、吸纳劳动力能力、研发强度和所有制结构等方面的关系；杨洋（2011）强调了竞争优先权的概念，认为制造业企业的竞争优先权可分为四种类型——全面型、责任型、创新型和看守型；许统生等（2011）全面测算了中国制造业的贸易成本，进而提出了多种办法来降低制造业贸易成本，政府应为制造业的贸易便利化提供服务；杨青龙等（2012）提出的国际贸易"全成本"理论关注的是使用制度要素所形成的交易成本、使用生态环境要素所形成的环境成本、耗费"可持续性"要素所形成的代际成本。

这些文献都对制造业发展新思路的形成具有理论借鉴意义。

第四节
总体评价

本章分别对比较优势理论、新制度经济学及有关中国制造业发展转型的现有研究进行了评述。尽管对这些文献的评述是按学科范畴分开进行的，但根本目的是从中把握能够服务于本书主题的共同观点和研究规律。本书通过综述比较优势理论的演进与发展的文献，认识到一国的比较优势与外向型产业的规模和结构具有双向影响关系，不同学派对比较优势来源有不同的理解，而新制度经济学范式下的制度变量是相对最接近现实的一种解释；通过综述新制度经济学及其在国际贸易领域延伸的文献，认识到了在交易成本、产权和合约等概念的构建下，关于制度变量的内涵和形式有多个层面的理解框架，这些制度性因素会通过不同的机制影响国际贸易和比较优势；通过综述中国制造业发展转型的文献，认识到了中国制造业的发展日臻依赖于制度的供给—需求结构以及多个层面的制度创新，且相对其他产业，制造业是最适用于本书理论范式的研究客体。有了这些认识，便可以找到本书的创新方向，有助于本书核心概念的界定和理论框架的建立，也可以为本书的理论分析和实证分析提供方法与工具借鉴。

结合现有文献的发展脉络及趋势，本书认为分析制度变量对一国比较优势的影响关系，应从以下几个方面把握和突破：

第一，根据现有文献可知，比较优势来源于外向型产业的规模与结构，而无论何种层面的比较优势，最终实现者和受益主体都是企业，产业结构、关联、布局等是由无数个企业根据全国及本地或本行业的相关制度环境做出的决策集合导致的。因此，本书的分析应建立在宏微观结合的范式下，比如异质性厂商贸易理论对企业内部贸易动机进行了探索，能够为本书提供借鉴。

第二，分析制度变量对中国制造业比较优势的影响，应结合中国的实际背景。中国的地区差异较大，各地区的制度环境、制造业发展水平和经济外向度有很大落差，因此在本书的分析中，应考虑到制度性因素的变动对各地区影响的弹性差异。

第三，现有文献对有关外贸和比较优势的制度性因素存在多个层面的理解，而研究制度对比较优势的影响应尽量涵盖更多的制度变量，并探究各种影响关系之间的交叉作用，即置于一个统一的框架下来分析制度对比较优势的影响。因此，本书认为外向型制造业企业的主要活动包括中间品投入、生产要素投入和公共产品投入，以及与之相关的经营活动和公关活动。这些活动均需要在制度环境内进行，不同的企业活动对应着各层面的制度环境，这些制度环境的变化均能够作用于比较优势的变动，且存在一定的关联。

第四，如果将比较优势作为因变量，则应兼顾比较优势的当期收益与长远发展。比较优势是一国开展对外贸易的基础，也深受其外贸规模及结构的影响。目前，我国正处于外贸发展方式转变的关键时期，需要重视避免短期波动和实现持续收益的协调，因此需要构建以更健康持续的投入结构和收益结构为基础的比较优势发展模式。

| 第三章 |

理论框架

| 第一节 |
核心概念界定

一、比较优势

理论框架应建立在对核心概念进行清晰界定的基础上，首先是比较优势这一重要概念。比较优势（Comparative Advantage）的一般含义是：如果一国在本国生产一种产品的机会成本（用其他产品衡量）低于在他国生产该种产品的机会成本，则该国在生产该种产品上拥有比较优势（克鲁格曼等，2001）。如本书前文所述，比较优势理论经历了较长的发展时期，目前诸多文献对比较优势的理论解读和实证指代不尽相同，因而需要对本书中的概念进行界定。

对比较优势及其形成来源的理解不同，必然导致比较优势在理论分析及实践应用中存在差异（张明志，2008）。本书着重强调几个应避免的误区。

第一，比较优势虽然是生产的优势，但必须在对外贸易中体现出来，严格属于国际贸易学术语，尤其不宜微观化地以企业生产率来衡量。如果将比较优势等同于制造业企业的生产效率或获利能力，则可能是混淆了企业竞争优势与产业（产品）层面的比较优势。

第二，比较优势既可以是产业（产品）层面的，也可以是国家层面的，但后者绝不是前者的简单叠加。尤其在现代贸易中产业间和产业内贸易并存、国际投资与国际贸易交织，均加深了国家层面的比较优势的复杂性。也就是说，即使一国在大部分产业（产品）上具有比较优势，但也可能由于多种因素而出现整体比较优势不明显，关键是看该国国内的产业结构及关联的优化程度。

第三，一国是否具有比较优势，一是看本国与他国的比较，二是看本国的内部比较。如果从与他国的比较来判断，则应看该产业出口额在世界市场上该产业出口总额中所占比重；如果从本国内部比较，则应看该产业出口额在本国全部产业出口总额中所占比重。在必要的时候，需要将两种判断标准结合进行分析。这是因为比较优势是一个产业或地区相对出口能力的体现，现代国际贸易也是基于出口成本的相对数而开展的。

第四，比较优势应循着现有理论研究不断地扩大来源范围，只要所观察的来源变量具有相互独立性，均可以统一纳入分析模型。在传统比较优势理论中，比较优势仅来源于劳动力、资本或自然资源；现代比较优势理论在利用比较优势解释复杂的贸易现象的同时，还对比较优势的来源不断进行拓展。凡是具备理论依据且统计学允许的来源变量，都可以在比较优势的范式下进行分析。本书所研究的制度性因素就被认为是比较优势的重要来源之一。

第五，尽管僵化地按照比较优势参与国际分工有可能陷入"比较优势陷阱"，且国内企业自发的技术赶超动力决定了严格遵照比较优势的贸易模式也无法实现，但提高中国各产业的出口能力和获利水平仍然是中国外向型经济的一项重要任务，而比较优势的高低仍然是反映中国对外经贸获利能力和发展水平的重要途径之一①。

第六，尽管国内各地区的比较优势在统计学上能够实现，但简单的横向比较是没有意义的。尤其在目前中国内外贸一体化的努力方向下，地区比较优势的测算必然含有失真成分。地区比较优势是否具有研究意义，关键要看自变量在省际之间竞争性是否完全充分。比如，劳动力作为比较优势的来源之一，尽管可以在国内自由择业，但毕竟受各种正式和非正式限制，完全的劳动力自由流动是难以实现的。因此研究地区劳动力规模同地区比较优势之间的关系具有重要意义。

二、制度变量

制度的一般意义是指要求人们共同遵守的办事规程或行动准则，也指在一定历史条件下形成的法令、礼俗等规范或一定的规则。通常，这些规范或规则蕴含着社会的价值，其运行显示着一个社会中人与人之间的关系和秩序。法理所认可的制度包括风俗习惯、道德、法律（包括宪法和各种具体法规）、戒律、规章（包括政府制定的条例）等，可分为三部分：一是由社会认可的非正式约束；二是国家规定的正式约束；三是实施机制。卢现祥（2011）将制度的特点归结为习惯性、确定性、公理性、普遍性、符号性和禁止性。关于制度的来源，存在"建构"（Constructed）和"自发"（Spontaneous）之争，被

---

① 有的文献提出将对比较优势的关注和追求转移至对竞争优势的关注和追求，这一提法在理论上是含混不清的，有待商榷。本书认为，尽管僵化地按照比较优势参与国家分工对我国是不利的，但这并不能抹杀对比较优势进行研究的意义，比较优势仍是反映外向型经济发展水平的重要标杆。

Williamson（1991）称为"目的性"和"自发治理"。无论何种来源，人作为主体在制度运行中的作用得到了共识，且制度内生化逐渐成为主流研究方向。

新制度经济学以人与人之间的经济联系为视角看待制度。North（1994）认为制度一方面作为一种"行为准绳"能够降低经济活动的不确定性，另一方面规定了社会尤其是经济的激励机制。新制度经济学家在承认个人在追求自身利益最大化的过程中会出现有限理性和机会主义的基础上，提出了交易成本和产权的概念。在没有交易成本的环境中，制度安排的选择变化是无序的、没有任何依据的。可见，交易成本是制度演变的根本依据，或者说制度的根本意义在于对交易成本的节约。广义的交易成本不仅包括商品买卖的成本，还包括产权交易的成本。由于人力的有限性，人们对产权严格而完全的界定总是难以实现的，因此产权及其交易过程容易出现外部性，更加需要制度的介入。有的文献认为交易成本分析与产权分析存在重大差异（迪屈奇，1999），但本书认为两者是统一的，理由如下：

第一，产权交易中产生的成本属于广义的交易成本。产权本身属于一种复杂的商品，比如知识、思想、技术以及现代分工体系中的中间品。产权界定的目的在于产权交易，界定中的直接成本和机会成本均应包含在交易成本中。产权交易的完成需要依靠契约的签订和执行。契约可分为古典契约、新古典契约和关系性契约（谭庆刚，2011），无论何种契约关系，本质上都是对产权交易的治理。契约受多方面因素影响，往往也是不完全的，因而也会带来成本。

第二，通常，产权和交易成本的分析方法同样都被置于组织中看待。组织是制度与那些受益于制度的人的集合（North，1990）。最典型的组织形式是企业，非正式组织还包括行业协会、社区、团体等。产权可能属于组织，也可能是属于组织内部的自然人或自然人团体。不同层面的产权的交换过程可能会引起组织内部、组织边界和组织间结构的变动。无论什么层面的产权，其界定、交易及治理过程都体现着交易成本的思想。

第三，任何对产权界定所做的努力都是为了降低交易成本，而且所有对产权交易过程中的机会主义进行控制的制度措施也是为了节约交易成本。无论商品还是产权交易，一般包括三个维度，即资产专用性、不确定性和交易频率。这三个方面的变动均会影响交易中成本的变动，好的制度就是对来自这三方面的交易成本加以控制。

总之，交易成本是新制度经济学最核心的概念，而产权的交易是一个经济中交易成本最重要的来源。根据产权的不同归属，交易成本体现为不同的层面。借鉴弗鲁博顿等（2006）对制度类型的划分——市场、企业和国家，本文将制度分为企业层面的制度、市场层面的制度、国家层面的制度[①]，如表 3-1 所示。

表 3-1　三种层面的制度变量

类型	产权归属	博弈机制	交易成本来源
企业层面的制度	企业整体—企业内部	企业在节约中间品交易成本与节约内部交易成本之间取舍	契约不完全（包括中间品交易契约和雇佣契约等）
市场层面的制度	企业	要素市场中不同主体对"复杂资产"测度的态度差异而产生的企业间博弈	资产的复杂性和可变性引起的资产价格扭曲及测度成本
国家层面的制度	企业集团（利益集团）	经济体内横向或纵向的利益集团的寻租博弈	利益集团寻租中的治理成本和租耗

---

① 对于制度的划分可以参阅很多文献，如严汉平等（2007）。但是本书并不试图以制度的创新（制定）主体作为划分依据，而主要是根据交易成本的来源和产权的归属来划分。这一点与弗鲁博顿等（2006）的划分有共通之处，但需要声明的是，本文的具体理解同该文献有不同之处。

从表 3-1 可看出，在本书中企业层面的制度主要是指在企业边界的决定过程中，企业在节约中间品交易成本与节约内部交易成本之间做出取舍所依据的制度变量，这一过程中交易成本来源于契约不完全，包括中间品交易契约及雇佣等内部关系性契约等。市场层面的制度主要是指各市场主体对复杂资产测度的不同态度的作用下，市场价格按照资产真实价值的一定比例而实现均衡的外部制度变量，这一过程中交易成本来源于资产价格扭曲和测度成本，两者一定程度上是相互取舍的关系。国家层面的制度主要是指相关企业组成横向或纵向的利益集团，并争相向政府尤其是中央政府寻租，企图获得政策支持带来的经济"租"所依托的制度环境，这一过程中交易成本来源于利益集团寻租中的租金消散，即租耗。

三、转变外贸发展方式

我国的对外贸易仍带有明显的粗放式发展特征，亟待通过改革创新来实现外贸发展方式的转变。长期以来，我国的外贸增长主要依靠低廉的劳动力成本和资源环境成本，相对缺乏自主创新，处于国际分工中附加值较低的阶段。这种增长模式为我国外贸打下了规模基础，确立了贸易大国的地位，但也附带诸多负面效应，是不可持续的。2004 年，中央经济工作会议提出"转变外贸增长方式"；2009 年，中央经济工作会议提出了"加快外贸发展方式的转变"；2012 年 2 月，十部委联合发布《关于加快转变外贸发展方式的指导意见》。转变外贸发展方式是转变经济发展方式的重要环节，是实现改革与发展有机结合的有效途径。

近年来，我国以优化外贸国际市场布局、贸易方式结构和科技兴贸等任务为重点，为改善贸易条件、提高外贸企业收益水平和增强外经外贸的可持续发展力做了大量工作。同时，关于我国外向型经济增长方式的理论研究也不断进展，提出了诸多理论观点。关于转变外贸发展方式的内涵、方向和路径，研究者有不同的看法，如魏磊等（2011）认为外贸发展方式转变是我国经济整体调整和结构性改革方向在对外贸易领域的体现；杨继军等（2012）认为我国现实要素禀赋仍不足以支撑外贸发展方式实现根本性转变，在刘易斯拐点倒逼机制和比较优势蝶化背景下应通过地区间产业梯度转移来延续劳动密集型优势；张亚斌等（2007）指出外贸增长方式转变应立足于"不均质大国"的基本国情，将技术进步与圈层升级有机结合起来。

本书对转变外贸发展方式的主要内容理解如下：

第一，应实现外贸要素结构的转变。我国对外贸易长期以来依赖劳动力要素的低成本使用，而且非劳动密集型产业出口优势的很大一部分来自高污染密度和相对宽松的环境规制。鉴于我国刘易斯拐点临近和国内外环境规制趋严的现状，外贸企业的综合成本明显上升，传统优势要素的贡献已开始逐渐降低。关于应重点发挥传统比较优势，还是应构建新比较优势，抑或是两者同时推进，理论界进行了广泛争议。不可否认的是，在目前仍然相对严峻的就业压力下，完全摒弃劳动力比较优势的外贸战略是难以实现的，而且科技含量高、污染密度小的新兴产业的发展，也面临着地方重复投资、国内市场培育不足的困境。因此，外贸要素优势结构的转变意味着可持续发展和现实生存压力的协调，对我国产业的全面转型升级提出了更高的要求。

第二，应实现外贸市场分布的转变。我国最早于20世纪90年代提出"出口市场多元化"战略，尽管十几年来已经有了较大改观，但市场集中度仍然偏高，这也是导致频繁遭遇贸易摩擦的原因之一。2011年，中国的贸易伙伴国（地区）中进出口总额前六位之和占全部的比重为 45.24%，出口额前六位之和占全部的比重为 50.54%，进口额前六位之和占全部的比重为 47.01%。另外，在大宗商品进出口中，我国一直难以把握定价权和对海运成本的控制力，本土期货市场建设明显滞后。在转变外贸发展方式下，市场分布转变不仅包含出口市场多元化，而且还包括进口来源多元化，以及相对应的目标市场选择和进出口定价权问题。

第三，应实现贸易方式和经营方式的转变。改革开放以来，我国吸引了大量外商直接投资。尤其是投向制造业的绿地投资，使得中国制造加工产业日益融入世界分工体系，成为全球产业链条中的重要一环。加工贸易长期以来是我国外贸增长的重要推动因素。2011 年，外商投资企业进出口额占我国进出口总额的 51.07%，外商投资企业的顺差额占总顺差额的 84.28%。加工贸易进出口额的比重也曾一度超过一般贸易的比重。然而，增强"中国制造"在技术、品牌、质量和服务等方面的竞争力，必须依靠各种贸易方式的协调发展，做强一般贸易，提升加工贸易，发展其他贸易。其中，加工贸易的转型升级和所有贸易方式的海外竞争手段丰富化是最重要的两个方面。

第四，应实现开放型经济收益分配格局的转变。我国的产业发展和要素分布不均衡，各地区的对外贸易也深受地理位置和经济发展水平的影响。我国城市化进程加快，越来越多的中心城市以外的圈层纳入了外贸收益分配体系，大城市、中小城市、小城镇和农村地区在对外贸易中扮演的角色各不相同。农村剩余劳动力外出务工和回流现象，不仅涉及人口和劳动问题，还涉及我国产业的区域布局和城乡布局问题，尤其是外向型产业的布局和收益分配格局。不考虑收益分配格局的外贸要素结构、市场分布和经营方式转变，可能不利于国民收入分配关系的调整与理顺，不利于转变外贸发展方式的根本目标的实现。

第二节
一般逻辑规则

在本书中的任何一个分析板块，都会注重逻辑规则的运用。只有引用基本逻辑规则，才能将核心概念进行演绎发散，进而形成理论体系。本书的基本逻辑规则如下：

第一，制度是比较优势发挥良性作用的保障，更重要的是，制度变量是比较优势动态发展的重要引擎。本书研究的是比较优势的制度性因素，但绝不单单是将制度外生化看待，而是将制度变量内生于贸易增长和贸易格局变动的整体框架中。在本书看来，制度演进主要来源于各种形式的交易成本和产权的变动，同时其也决定了交易成本和产权进一步变动的方向及性质，而这些直接或间接地同比较优势相联系。

第二，交易成本的节省不可直接等同于比较优势的提高。这是因为交易成本是一个广义的概念，一个方面的交易成本下降可能造成另一个方面的交易成本上升，陷入两难困境。另外，即使多方面交易成本都下降了，企业效率得到了提高，也未必能直接提高比较优势，因为企业在国内的生产率优势向比较优势转化中需要较多的中间环节。

第三，实现外贸发展方式转变，主要依靠制度优化和制度创新，一般理解强调的是外生的制度，而本书关注的是内生的制度。本书中的制度安排及政策建议，都是基于各种层面上的交易成本的综合节约与合理配置的规范分析目的，既有针对提高出口企业效率和出口能力而提出的，也有针对调整产业或国家层面的参与国际分工格局而提出的。另外，本书注重将政策措施同制度相区别，同时也关注其联系，在统一范式下进行分析。

第四，如本书前文所述，制造业是对于本书中若干概念和理论逻辑最具有代表意义的产业，也是我国对外贸易及世界贸易的最主要行业来源。同时，在各产业中，制造业在外向型经济发展过程中遇到的阻碍力量最明显，这些阻碍造成的多重危害也是最值得关注的。因此，本书不可能脱离制造业的自身特点而架空理论。

第三节
总体框架体系

每一个层面的制度都可以通过不同的途径对比较优势产生影响。如图 3–1 所示，三个层面的制度分别影响中间品交易机制、要素价格形成机制、优质公共产品的分配机制，进而对比较优势发生作用。需要注意的是，这三种现象的选择与变化如何影响比较优势。这一问题较为复杂，因为国内制度的完善既可能使企业的效率和竞争力提高，也可能让企业牵绊于其他因素而无法在外贸中提高优势，也就是说影响方向和机制不确定。

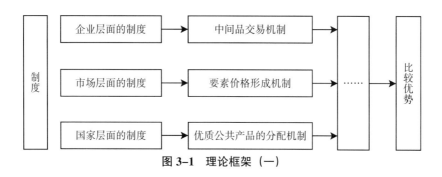

图 3–1　理论框架（一）

　　本章第一节已经阐述了三种层面的制度之间的关系，即是由交易成本、产权归属及主体间的博弈所构成的制度体系。同时，中间品交易机制、要素价格形成机制、优质公共产品的分配机制这三种机制之间也具有内在联系。若以新制度经济学中的"剩余权利"概念为核心，便可以将三者纳入统一的框架。狭义的剩余权利是与特定权利相对的，即契约未作明确规定的权利，而广义的剩余权利不仅包括由契约不完全引致的，其他产权活动带来的超额利润也属于剩余权利。

　　如图 3-2 所示，企业追求剩余权利，主要是从企业的基本活动和高级活动入手，其中基本活动包括中间投入品的购进和卖出、生产要素的投入及使用，高级活动包括企业对优质资源（政策等公共产品）的争夺。如本书前文所述，无论是哪个层面的制度，其最终决策者和约束/激励对象都是企业。在这里，追求剩余权利的实施主体和最终获利者均是企业，追求过程也基本上都蕴含在企业的经营活动中。然而，追求活动的均衡状态

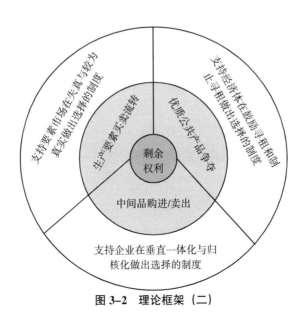

图 3-2 理论框架（二）

的直接决定因素并不一定是单个企业，而可能是市场和国家（经济体）。因为所有企业都企图获得剩余权利，各种形式的产权主体会在其中进行博弈，博弈结果的形成分别需要企业、市场、经济体根据制度环境做出选择。

同时，企业、市场和国家如何在制度变量的影响下进行三种追求剩余权利的经营活动的选择决策，其依据的机理是什么？这个问题需要系统性回答，是本书的研究重点。本部分主要介绍这些活动分别影响比较优势机制的整体联系，即图3-1中省略号的内容。如图3-3所示，菱形中内容代表的是企业以剩余权利为目标的经营活动留给企业、市场、国家的制度性选择，即规模经济与专业化生产、价格扭曲与价格真实、寻租与避租。这些选择的不同比例搭配能够分别通过中间品交易、生产要素利用和优质公共产品争夺等渠道影响比较优势。企业、市场和国家需要分别在组织成本与市场成本、激励不足与测度成本、租金消散与治理成本之间做出均衡选择。这些都属于交易成本，

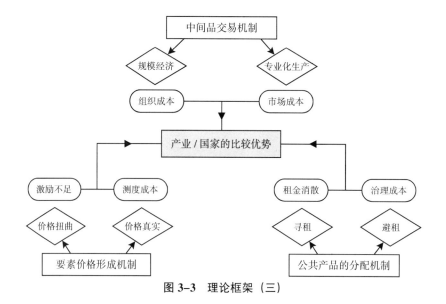

图3-3　理论框架（三）

一方面可直接计入企业的经营成本，另一方面会对产业层面的结构和贸易动力造成影响，从而能够影响比较优势。

企业或产业的效率并不能直接等同于比较优势，关键还要看产业的结构性特征。在中国，几乎所有的制造业都参与了出口贸易，因此无法区分出口行业和非出口行业，只能以对出口贸易的依赖程度而划分为内销偏重型行业和外贸偏重型行业。在中间品交易、生产要素利用和优质资源争夺等过程中，两种行业的特征不同决定了其各自的比较优势对交易成本变动的反应有所差异。表3-2显示的是两类行业在三种经营活动中的特征表现。在中间品交易环节，相比内销偏重型行业，外贸偏重型行业技术溢出水平较高，对中间品的技术要求也较高，更加容易实现外源性技术进步和规模经济，且对中间品交易的信用环境依赖相对弱；在生产要素利用环节，外贸偏重型行业需要对国外的关于生产要素真实价格进行横向比较，因而对要素价格失真的敏感度较高，且测度成本更低；在优质资源争夺环节，外贸偏重型行业受政策型公共产品供给的影响方向相对不明确，这是因为存在外国政策的对冲，但同时由于企业或利益集团的期望值较高，集体寻租的动力更加充足。总之，这些差异会使制度性因素在内销偏重型和外贸偏重型行业的比较优势上的作用不同，其前提是承认比较优势的多层次来源。

表3-2　内销偏重型和外贸偏重型行业的不同特征

经营活动　　行业类型	内销偏重型行业	外贸偏重型行业
中间品交易	技术溢出水平低，规模经济实现难度大，对中间品交易的信用环境依赖相对强	技术溢出水平高，规模经济实现较易，对中间品交易的信用环境依赖相对弱
生产要素利用	缺乏关于生产要素真实价格的横向比较，对要素价格失真的敏感度不高	存在关于生产要素真实价格的横向比较，对要素价格失真的敏感度较高
公共产品分配	没有外国政策的对冲，受政策型公共产品供给的影响方向更明确	存在外国政策的对冲，受政策型公共产品供给的影响方向不明确

结合转变中国外贸发展方式的研究目的，以上所有通过调整制度安排来提高制造业比较优势的努力，都是为实现我国制造业外向型经济转型升级服务的。制度影响如图 3-4 所示，中间品交易、生产要素利用、公共产品争夺等环节均对应着转变外贸发展方式的不同内容。为了应对这些选择可能带来的交易成本，企业、市场和国家会分别采取并购与分立、理顺价格机制与促进真实价值透明化、反垄断与惩治权力腐败的行动措施，这些措施分别与转变外贸发展方式的四个方面相联系。

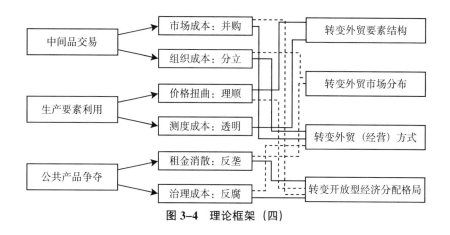

图 3-4　理论框架（四）

第四章

企业层面的制度对中国制造业
比较优势的影响

第一节
引 言

如本书前文所述，企业层面的制度主要影响企业的中间品交易机制，并通过市场成本与组织成本决定企业的边界，进而作用于外向型制造业的比较优势。也就是说，企业边界的变动根源于其对中间品交易中的剩余权利的追求，该剩余权利的来源是中间品交易契约的不完全性，随企业边界扩张而增大的组织成本是其约束。企业根据外部制度供给和内部制度利用能力，在垂直一体化与归核化两个相反方向之间进行权衡从而达到均衡点，而企业边界的不同均衡点使规模经济的具体效应存在差异，进而影响比较优势。

这种观点的思想来源是 Grossman–Hart–Moore 模型（GHM 模型）。另外，Grossman 等（2004）、Levchenko（2007）、Nunn（2007）的研究均可为本章提供借鉴。然而，大多数文献并未看到组织成本的硬约束效力，或者未将其内在化，缺乏对外包与垂直一体化的"中间地带"及相互转化机制的研究。张为付等

(2010) 基于不完全契约视角对国际垂直一体化与外包化相互转化的研究，尽管属于国际生产组织理论的研究范畴，但也清楚地揭示了跨国公司在国际垂直一体化与外包化之间选择的依据，分别是中间品生产商之间的非完全贸易合同所带来的摩擦成本（市场成本）和内部生产的相对较低的效率（组织成本），对于本章的主题具有有益的启示。该文献认为跨国公司国际垂直一体化生产模式选择主要取决于跨国公司的内部张力、东道国的外部引力、国际社会的支撑力，其外包化生产模式选择主要取决于国际分工技术水平、国际贸易环境、国际交通通信条件，同时提出在考虑跨国公司与外包生产商间的合同谈判与执行成本后跨国公司选择生产模式的决定因素，即利润依存度。Mclaren（2000）提出了经济全球化对市场厚度效应的影响机制。Grossman 等（2002）构建了封闭经济下企业纵向一体化与外包选择的一般均衡模型，同时考虑了市场厚度、搜寻匹配成本与掠夺问题导致的交易费用，也具有类似的启示意义。另外，李坤望等（2010）在实证中采用契约执行指标分别同契约密集度、物质资产专用性、人力资产专用性的交叉项作为比较优势的主要解释变量，强调了行业本身特征在契约制度对比较优势影响的重要意义，也是值得借鉴的。

本章关于制度通过作用于企业边界而影响比较优势的基本机理如下：由于存在中间品购进/卖出环节中的契约不完全及其引致的剩余权利，企业会出于机会主义而追求剩余索取权和剩余控制权，而每个企业或多或少地进行了专用性投资，因此都有被"敲竹杠"的风险（贾明德等，2002）。企业会考虑用垂直一体化生产来替代市场行为，以降低契约不完全造成的交易成本（包括中间品买卖合约的准备、讨价还价、执行监督和违约制裁等过程所需的成本，本章将其定义为"市场成本"）。同时，不可避免的内部组织成本决定了企业边界不可能是无限扩张的，企业需要在市场成本与组织成本之间寻求一个企业边界的均衡点，即在垂直一体化与归核化之间选择一个最优比例。

在实际中，尽管企业有着追求自身效率的相同目标，但却出现了大规模并购和归核化两种相逆的趋势（季建伟等，2003）。造成这种情况的原因在于经济运行体系为不同企业的边界决策所提供的制度环境有所差异，并且不同企业对这种制度环境的利用能力不同。当企业面对的制度环境较为支持中间品交易，中间品交易的交易成本较低，且企业对中间品交易的控制能力较强时，企业会倾向于采取分立或外包（即中间品供销通过市场买卖实现），这意味着企业边界的收缩；当企业所处的制度环境较为支持兼并和收购，投融资和并购的谈判费用较少，并购执行情况较好，且通过一体化较容易规避资产专用性带来的交易损耗时，企业会倾向于采取垂直一体化（即将中间品供销置于企业内部实现），这意味着企业边界的扩张。本章把影响企业市场成本的制度变量统称为市场要素，把影响企业组织成本的制度变量统称为组织要素。同时，将企业市场成本的倒数定义为市场要素充裕度，市场成本越低，则市场要素充裕度越高；将企业组织成本的倒数定义为组织要素充裕度，组织成本越低，则组织要素充裕度越高。

由于企业性质及其行业特征的差异，不同企业对于市场要素和组织要素所构成的制度环境的利用能力和依赖度不同。本章将企业对市场要素的依赖程度定义为市场要素密集度，中间品交易越频繁，市场要素密集度越高；将企业对组织要素的依赖程度定义为组织要素密集度，企业并购和股权活动越频繁，组织要素密集度则越高。企业一般会通过权衡市场要素和组织要素的充裕度与密集度，理性地选择企业边界，做出垂直一体化、分立或外包的战略选择。

总体而言，无论垂直一体化还是分立或外包，均是能够影响一国比较优势的重要变量（Bonham 等，2007；高越等，2008；刘戒骄，2011）。杨青龙（2010）认为，与国内交易相比，跨国交易更容易受到机会主义的干扰。因而可以推断，致力于规制分立或垂直一体化中的机会主义行为的制度变量，在国际贸易中更容易发挥作用。可见，由契约不完全所导致的市场要素和组织要素的充裕度及密集度差异，会对一国（地区）比较优势的形成和演化产生不可忽视的影响。在本章看来，在中间品购进/卖出环节，选择合适的垂直一体化与归核化的平衡点，对于制造业企业尤其外向型制造业企业来说至关重要。因为在现代国际化生产组织中，规模经济与出口相互依赖，而且规模经济的专业化效应在增加出口优势中的发挥如何，关键需要看规模经济的程度是否适中。如果垂直一体化程度高于临界值，则较易出现效率损耗，不利于出口企业通过中间品交易获得技术溢出；如果垂直一体化程度低于临界值，则企业易受被"敲竹杠"风险的影响，进而抑制了其专用性投资的积极性，且技术标准难以同国际接轨。总之，制度变量通过影响企业边界而影响比较优势。

本章将以市场要素和组织要素所构成的制度性要素纳入比较优势理论模型，利用地区—行业的交叉数据，探讨制度性要素对中国各地区不同行业出口优势的影响，分析市场要素和组织要素的充裕度与密集度的交叉项如何作用于比较优势和出口格局。

第二节
理论分析

一、理论模型 I

本章先构建一个"2×2×2"模型分析市场要素和组织要素在不同国家的充裕度和在不同行业的密集度对比较优势的影响。在此模型中，包含两个国家——本国（H）和外国（F），外国的变量用上标 * 表示，两种产品——产品 1 和产品 2（对于本国分别为 y_1 和 y_2；对于外国分别为 y_1^* 和 y_2^*），两种同质生产要素——市场要素（分别为 M 和 M^*）和组织要素（分别为 O 和 O^*）。

（一）基本假设

为排除国家之间的技术等差异，集中探讨要素禀赋的相对差异对贸易格局的影响，做出如下假设：

假设 1：两国同一产品有相同的生产函数，即同一单位产品的要素投入相等，且规模报酬不变，要素的边际产品递减。

假设 2：两国的要素相对充裕度（即要素禀赋）不同。假定本国组织要素相对充裕，而外国的市场要素相对充裕，即 $\dfrac{M}{O} < \dfrac{M^*}{O^*}$。用双边贸易前的相对价格（机会成本）表示要素的相对充裕度为：$\dfrac{c_2}{c_1} < \dfrac{c_2^*}{c_1^*}$（其中，$c_1$ 和 c_1^* 分别为市场要素在两国的相对价格，c_2 和 c_2^* 分别为组织要素在两国的相对价格）。

假设 3：两种产品的要素相对密集度不同，即生产两种产品所需的要素比例不同。假定产品 1 为组织要素密集型，产品 2

59

为市场要素密集型。则本国有 $\frac{M_1}{O_1} < \frac{M_2}{O_2}$ 或 $\frac{a_{1M}}{a_{1O}} < \frac{a_{2M}}{a_{2O}}$（$a_{1M}$ 和 a_{2M} 分别表示生产单位产品 1 和单位产品 2 所投入的市场要素，a_{1O} 和 a_{2O} 分别表示生产单位产品 1 和单位产品 2 所投入的组织要素），外国有 $\frac{M_1^*}{O_1^*} < \frac{M_2^*}{O_2^*}$ 或 $\frac{a_{1M}^*}{a_{1O}^*} < \frac{a_{2M}^*}{a_{2O}^*}$。

假设 4：两国的产品市场均为完全竞争，且对所有产品的需求偏好相同。

假设 5：不存在要素密集度逆转，即产品 1 始终为市场要素密集型，产品 2 始终为组织要素密集型[1]。

假设 6：两种要素在各国均为充分就业[2]，即 $O = a_{1O}y_1 + a_{2O}y_2$，$M = a_{1M}y_1 + a_{2M}y_2$。

假设 7：两国之间的贸易是完全自由且收支平衡的，并且两国在生产中为不完全分工，即在自由贸易下两国也都要继续生产两种产品。

（二）模型推导

对于国家来说，市场要素和组织要素的充裕度和密集度对贸易格局和比较优势的影响。对本国而言，用两种生产要素 M 和 O 来生产两种产品 y_1 和 y_2。依据假设 6，两要素均能实现充分就业，则此时两种产品生产所使用的要素等于各要素的供给，即：

---

① 要素密集度逆转是由于要素相对充裕度的变化（主要是要素相对价格的变化）引起要素相对密集度排序的变动。本书中市场要素和组织要素作为契约不完全引致的制度性资源，对同一部门来说，两者的替代性相对较小，且其在不同部门之间的流动性也比较强。
② 本章中市场要素和组织要素虽属于制度性要素，但也具有一定的竞争性和排他性（即稀缺性），企业需要根据自身能力利用这些制度性要素，而且这些制度性要素的形成也需要企业（或利益集团）支付成本。但为简便起见，本模型暂不讨论这些要素价格的形成机理，而是将其视为既定的。

$$\underset{O1}{\underline{a_{10}\,y_1}} + \underset{O2}{\underline{a_{20}\,y_2}} = O \tag{4-1a}$$

$$\underset{M1}{\underline{a_{1M}\,y_1}} + \underset{M2}{\underline{a_{2M}\,y_2}} = M \tag{4-1b}$$

将式（4-1a）、式（4-1b）两边同除以 O，得：

$$\frac{a_{10}\,y_1}{O} + \frac{a_{20}\,y_2}{O} = 1 \tag{4-2a}$$

$$\frac{a_{1M}\,y_1}{O} + \frac{a_{2M}\,y_2}{O} = \frac{M}{O} \tag{4-2b}$$

将式（4.2a）、式（4-2b）求解，得：

$$\frac{y_1}{O} = \frac{\dfrac{a_{20}\,M}{O} - a_{2M}}{a_{1M}\,a_{20} - a_{2M}\,a_{10}} \tag{4-3a}$$

$$\frac{y_2}{O} = \frac{a_{1M} - \dfrac{a_{10}\,M}{O}}{a_{1M}\,a_{20} - a_{2M}\,a_{10}} \tag{4-3b}$$

用式（4-3a）除以式（4-3b），得：

$$\frac{y_1}{y_2} = \frac{\dfrac{a_{20}\,M}{O} - a_{2M}}{a_{1M} - \dfrac{a_{10}\,M}{O}} \tag{4-4}$$

对式（4-4）中的 M/O 求导，可得：

$$\frac{d\left(\dfrac{y_1}{y_2}\right)}{d\left(\dfrac{M}{O}\right)} = \frac{a_{1M}\,a_{20} - a_{2M}\,a_{10}}{\left(a_{1M} - \dfrac{a_{10}M}{O}\right)^2} = a_{10}\,a_{20}\frac{\dfrac{a_{1M}}{a_{10}} - \dfrac{a_{2M}}{a_{20}}}{\left(a_{1M} - \dfrac{a_{10}M}{O}\right)^2} \tag{4-5}$$

依据假设 5，产品 1 为组织要素密集型的，产品 2 为市场要素密集型的，即 $\dfrac{a_{1M}}{a_{10}} < \dfrac{a_{2M}}{a_{20}}$，则式（4-5）的结果小于 0。这意味着组织要素充裕（即 M/O 值越小）的国家倾向于多生产产品 1，市场要素充裕（即 M/O 值越大）的国家倾向于多生产产品 2。依据假设 2，本国的组织要素相对充裕，外国的市场要素相对充

裕，则 $\dfrac{\dfrac{y_1}{y_2}}{\dfrac{M}{O}} - \dfrac{\dfrac{y_1^*}{y_2^*}}{\dfrac{M^*}{O^*}} < 0$。再依据假设 4，两国的需求偏好相同，则

组织要素充裕的国家倾向于出口产品 1，市场要素充裕的国家倾向于出口产品 2。至此便可以提出以下命题：

命题 4.1：一国在密集使用其相对充裕要素的产品上具有比较优势。即组织要素充裕国在组织要素密集型产品上具有比较优势，市场要素充裕国则具有市场要素密集型产品的比较优势。

二、理论模型 II

上面的模型关注的是两国由于市场要素和组织要素的相对充裕度差异而形成的贸易优势格局，缺陷在于以两要素的价格之比判断要素充裕类型，而未将市场要素和组织要素的充裕度变化对比较优势的影响分别进行考量，并且其他假设条件也过于苛刻。在此将理论模型 I 中的思想加以拓展，构建一个基于 C-D 生产函数的模型，分别观察市场要素和组织要素的国内价格对比较优势的影响。

（一）基本假设

根据本章的逻辑，企业层面的制度主要影响中间品交易过程中的剩余权利，因此本模型是建立在中间品交易过程中的博弈活动上的。

假设 1：厂商分为最终品生产者和中间品生产者，最终品生产涉及两种投入：自身的服务产品 X_h 和其他企业的中间品 X_m，则企业 i 的 C-D 生产函数为：

$$q_j(i) = (X_{h,i}/\eta_{h,i})^{\eta_{h,i}} (X_{m,i}/\eta_{m,i})^{\eta_{m,i}}, \quad 0 < \eta_{h,i} < 1, \quad \eta_{m,i} = 1 - \eta_{h,i}$$

式中，$\eta_{h,i}$ 和 $\eta_{m,i}$ 分别是两种投入的弹性，即 X_h 和 X_m 在最终品生产中的重要性，$\eta_{h,i}$ 越大则说明生产越依赖 X_h 的投入，

$\eta_{m,i}$ 越大则说明生产越依赖 X_m 的投入。$\eta_{m,i}$ 本质上反映的是本章所研究的市场要素密集度。

假设 2：在不考虑运输成本的前提下，市场对产业 i 中第 j 种产品的需求函数为：

$$p_i(j) = A_i{}^{\mu-\alpha} q_i(j)^{\alpha}$$

式中，A 是市场需求系数，μ 反映市场偏好，产品的需求弹性为 $1/(1-\alpha)$。

假设 3：最终品生产者与中间品生产者的合同履行概率为 θ，合同未履行的概率为 $1-\theta$。θ 本质上反映的是本章所研究的市场要素充裕度，也就是说，合同实施效率越高，市场要素就越充裕。

假设 4：若合同得到顺利履行，则无须考虑进一步的讨价还价及组织要素；当合同未得到履行时，法庭等机构也无法验证违约责任，那么中间品生产者与最终品生产者就中间品价格问题进行博弈，这时需要观察两者的议价能力。在此假设最终品生产者的议价能力为 B，而中间品生产者的议价能力为 C。

假设 5：无论中间品生产者还是最终品生产者，就中间品交易进行讨价还价的筹码主要来源于组织要素充裕度和密集度。即实施纵向一体化的环境越好，则在合同未履行时的议价能力越强；企业实现规模经济的可能性或者说企业对规模经济的依赖程度决定了其组织要素密集度的高低，进而增强了企业的中间品议价能力。因此，最终品生产者的议价能力可分解为 B = $\beta\delta_1$，而中间品生产者的议价能力为 C = $\beta\delta_2(0 < \beta, \delta_1, \delta_2 < 1)$。式中，$\beta$ 反映的是纵向一体化的实施环境，即组织要素充裕度；δ_1 和 δ_2 分别反映的是最终品生产者和中间品生产者的组织要素密集度。

（二）模型推导

此处主要观察在存在合约不完全的风险时，最终品的期望价格同两种要素的充裕度和密集度的关系。

1. 要素充裕度同最终品期望价格的关系

首先来看在合约完全实施（$\theta = 1$）的情况下，最终品生产者的销售收益为 $R = A^{\mu-\alpha}(X_h/\eta_h)^{\alpha\eta_h}(X_m/\eta_m)^{\alpha\eta_m}$，则最终品生产者利润最大化的条件为：

$$\max_{X_h, X_m, p_m} \pi_f = A^{\mu-\alpha}(X_h/\eta_h)^{\alpha\eta_h}(X_m/\eta_m)^{\alpha\eta_m} - X_m p_m - X_h w_h - w_h f_h$$

$$\text{s.t.} \quad \pi_m = X_m p_m - X_m w_m = 0$$

那么，由此产生的均衡结果为：中间品投入量 $X_m^{CE} = \eta_m [\alpha A^{\mu-\alpha}(w_m/w_h)^{\alpha\eta_h}/w_m]^{1/1-\alpha}$，最终品市场价格 $p^{CE} = w_h^{\eta_h} w_m^{\eta_m}/\alpha$。

当存在合约不完全的情况时，最终品生产者和中间品生产者的利润函数将发生变化，最终品生产者的预期收益为 BR，中间品生产者的预期收益为 CR。此时，最终品生产者和中间品生产者根据事后收益分别选择各自的事前投入（不像在合约完全实施的情形下生产中间品的投入量是由最终品生产者决定的），从而使自身利润最大化。最终品生产者在提供服务产品 X_h 时所参照的利润函数为：

$$\pi_h = \beta\delta_1 A^{\mu-\alpha}(X_h/\eta_h)^{\alpha\eta_h}(X_m/\eta_m)^{\alpha\eta_m} - X_h w_h - w_h f$$

中间品生产者在提供中间品 X_m 时所参照的利润函数为：

$$\pi_m = \beta\delta_2 A^{\mu-\alpha}(X_h/\eta_h)^{\alpha\eta_h}(X_m/\eta_m)^{\alpha\eta_m} - X_m w_m$$

从而，在议价博弈之后的均衡结果为：

中间品投入量 $X_m^{NE} = A^{(\mu-\alpha)/(1-\alpha)} \alpha^{\frac{1}{1-\alpha}} \beta^{\frac{1}{1-\alpha}} \delta_2^{\frac{\eta_m\alpha}{1-\alpha}+1} \eta_m [(\delta_1/w_h)^{\eta_h} (1/w_m)^{\eta_m}]^{\alpha/1-\alpha}/w_m$

最终品市场价格 $p^{NE} = (w_h/\beta\delta_1)^{\eta_h}(w_m/\beta\delta_2)^{\eta_m}/\alpha$

与合约完全实施相比，合约不完全导致了中间品投入减少，即 $X_m^{NE}/X_m^{CE} < 1$；最终品生产者的服务品投入减少，即 $X_h^{NE}/X_h^{CE} < 1$；最终品产出相应减少，即 $q^{NE}/q^{CE} < 1$；最终品市场价格也相应提高，即 $p^{NE}/p^{CE} > 1$。

结合合约完全实施的概率 θ，最终品的期望价格为：

$$Ep = \theta p^{CE} + (1 - \theta)p^{NE} = w_h^{\eta_h} w_m^{\eta_m}(\theta + (1 - \theta)\beta^{-1}\delta_1^{-\eta_h}\delta_2^{-\eta_m})/\alpha$$

通过该期望价格的相关偏导数可知，$\partial Ep/\partial\theta < 0$，$\partial Ep/\partial\beta < 0$，即最终品的期望价格是合约实施效率（市场要素充裕度）的减函数，也是企业纵向一体化的实施环境（组织要素充裕度）的减函数。这是符合本章的引言部分的初步判断的。可得出命题 4.2。

命题 4.2：一国制造业比较优势同其市场要素充裕度为正相关，同其组织要素充裕度也为正相关。

2. 要素密集度同最终品期望价格的关系

首先看市场要素充裕度（θ）对比较优势的影响，是否会随着市场要素密集度（η_m）的变化而变化。假定最终品生产者在生产 X_h 时投入的劳动力价格 w_h 与中间品生产者在生产 X_m 时投入的劳动力价格 w_m 相等，即 $w_h = w_m = w$，则最终品的期望价格为 $Ep = w(\theta + (1 - \theta)\beta^{-1}\delta_1^{-\eta_h}\delta_2^{-\eta_m})/\alpha$，那么求二阶偏导得 $\partial^2 Ep/\partial\theta\partial\eta_m < 0$。也就是说，市场要素密集度 η_m 越大，则市场要素充裕度 θ 对最终品期望价格带来的负向作用就越明显。可得出命题 4.3。

命题 4.3：市场要素充裕度对于制造业比较优势的促进作用，在市场要素密集型的行业更为显著。

进而，再看组织要素充裕度（β）对比较优势的影响，是否会随着组织要素密集度（δ_1，δ_2）的变化而变化。此处沿用 $w_h = $

$w_m = w$ 的假设，即 $Ep = w(\theta + (1-\theta)\beta^{-1}\delta_1^{-\eta_h}\delta_2^{-\eta_m})/\alpha$。同时，假设 12 中没有规定最终品生产者和中间品生产者的组织要素密集度 δ_1 和 δ_2 的大小关系，此处需要对其进行假设，即 $\delta_1 + \delta_2 = 1$。那么，通过计算 $\partial^2 Ep/\partial\theta\partial\delta_1$ 可知，若 $\delta_1 + \eta_m > 1$，则 $\partial^2 Ep/\partial\beta\partial\delta_1 < 0$，若 $\delta_1 + \eta_m < 1$，则 $\partial^2 Ep/\partial\beta\partial\delta_1 > 0$。这里的 η_m 恒定不变，因而可以断定，当 δ_1 大于一定的临界值时，该值的增大会促进组织要素充裕度 β 对最终品期望价格的负向作用；当 δ_1 小于一定的临界值时，该值的增大会削弱 β 对最终品期望价格的负向作用。可得出命题 4.4。

命题 4.4：组织要素充裕度对于制造业比较优势的促进作用，在组织要素密集型的行业更为显著。

（三）相关推论

对于中国这样的经济转轨国家而言，法律体系有待完善，加之不同地区在地理、文化和经济发展水平及政府行政能力等方面的差别，导致在契约执行中表现出较为明显的地区差异（李坤望等，2010）。同时，我国仍普遍存在国内市场分割，致使企业在依托巨大的国内需求实现规模经济中存在阻碍（朱希伟等，2005）。引起国内市场分割的原因是多方面的，如王晓东等（2012）指出的地方保护主义、非政府因素的流通渠道及流通组织等因素。无论何种原因导致的市场分割，都有可能使国内贸易和对外贸易存在地区间竞争。因此，地区的对外贸易更容易受到本地区各种要素的禀赋和结构的影响，不同地区市场要素和组织要素的相对充裕度能够直接影响到本地区的出口优势和贸易结构。可得出本章的推论。

推论：一个地区在密集使用其相对充裕要素（市场要素或组织要素）的产品上具有出口优势。

第三节
实证分析

一、实证模型

根据理论假说，我国各地区应是市场要素越充裕，其市场要素密集型行业在出口贸易中越具有比较优势，组织要素的情况亦然。然而，在现实中，一方面，市场要素和组织要素并不一定在所有地区、所有行业都能有效地促进出口、形成比较优势，或者说两种要素的作用效果存在差异；另一方面，劳动力、自然资源等传统要素禀赋以及 FDI、经济发展阶段等因素对地区比较优势仍发挥着重要作用。因此，需要分别测算市场要素和组织要素的地区—行业的交叉项，纳入统一计量模型，并有效控制劳动力、FDI 等外生变量。本章的基本计量模型构建为：

$$RRCA_{ik} = \alpha_i + \alpha_k + \beta_1 z_i^1 Q_k^1 + \beta_2 z_i^2 Q_k^2 + \xi C_{ik} + \varepsilon_{ik}$$

式中，i 和 k 分别表示行业和地区，$RRCA_{ik}$ 为 k 地区的行业 i 的区域显示性比较优势指数，α_i 和 α_k 分别表示行业固定效应和地区固定效应，z_i^1 和 z_i^2 分别表示行业 i 的市场要素密集度和组织要素密集度，Q_k^1 和 Q_k^2 分别表示 k 地区的市场要素充裕度和组织要素充裕度，C_{ik} 为其他控制变量，ε_{ik} 为误差项。为保证检验结果的稳定性，在回归中逐步加入以下控制变量：①吸引外商直接投资比重（FDI_{ik}）；②人力资本禀赋（HE_k）和人力资本密集度（HI_i）的地区—行业交叉项；③自然资源禀赋（RE_k）和自然资源密集度（RI_i）的地区—行业交叉项；④人均 GDP 的对数（$lnGDP_k$）和利润率（PM_i）的地区—行业交叉项。

二、变量选取、数据来源及处理

(一) 区域显示性比较优势指数

区域显示性比较优势指数 (RRCA$_{ik}$) 是指一个地区的某种产品在全国范围内的相对优势，测算公式为：

$$RRCA_{ik} = \frac{X_{ik}/X_k}{X_i/X}$$

式中，X_{ik} 表示 k 地区的商品 (行业) i 的出口额，X_k 表示 k 地区所有商品的出口额，X_i 表示商品 i 的全国出口总额，X 表示所有商品的全国出口总额。该指数由《中国经济普查年鉴》(2008) 中的各行业的分地区出口交货值整理计算所得。其中各地区及全国的出口总额只包含本章所选取的 28 个制造业行业，且因数据缺失而暂不考虑西藏自治区的数据。后面所有变量的样本范围也是依照此例。

(二) 市场要素密集度

本章参考 Nunn (2007) 所采用的行业契约密集度 ($z_i^!$) 的计算方法，将不同的行业划分标准进行了统一，得出了 28 个制造业行业的市场要素密集度。Nunn (2007) 所构造的测算公式为：

$$z_i^! = \sum_j \theta_{ij}(R_j^{neither} + R_j^{referprice})$$

式中，$\theta_{ij} = u_{ij}/u_i$，u_{ij} 为部门 (行业) i 中使用的部门 j 的投入量，$u_i = \sum_j u_{ij}$，即表示部门 i 使用的所有部门的投入总和，$R_j^{neither}$ 为部门 j 中既不是机构交易产品 (Organized Exchanges) 也没有参考价格 (Reference Price) 的产品的占比，$R_j^{referprice}$ 为部门 j 中非机构交易产品但有参考价格的产品的占比。

(三) 组织要素密集度

本章参考被广为采用的价值增值法 (即附加值与销售收入

之比）来测算组织要素密集度（z_i^2）。具体测算公式为：

$$z_i^2 = 1 - \frac{GOV_i - VA_i + Tax_i}{Sales_i}$$

式中，GOV_i 为行业 i 的工业总产值，VA_i 为行业 i 的工业增加值，Tax_i 为行业 i 的本期应缴增值税，$Sales_i$ 为行业 i 的销售收入。此处数据来源于《中国工业经济统计年鉴》（2008）。

（四）市场要素充裕度和组织要素充裕度

市场要素充裕度（Q_k^1）和组织要素充裕度（Q_k^2）分别为市场要素和组织要素的成本（相对价格）的倒数，即 $Q_k^1 = 1/c_k^1$，$Q_k^2 = 1/c_k^2$。其中，c_k^1 用获取信贷和强制执行合同的成本的平均值来衡量；c_k^2 用开办企业和登记物权的成本的平均值来衡量。测算这些变量的数据均取自世界银行发布的《中国营商环境报告2008》，其中各省、自治区的数据由相对应的省会（首府）城市的数据代替。根据该报告抽样调查的基本假设，"获取信贷"指标主要考虑的是购货信贷时的等级担保物权，"强制执行合同"指标考虑的是货物买卖合同的强制执行情况，两者都与市场交易相关，可用来衡量市场要素的相对价格；而"开办企业"和"物权登记"都会导致企业边界变更，其成本高低与企业所面对的组织环境有关，可用来衡量组织要素的相对价格。由于这4个指标均为成本绝对值占不同标的物价值的比重，无法进行简单平均或加权平均，因此应分别测算其几何平均数作为统计值。由于 Q_k^1 和 Q_k^2 与计量模型的内生变量之间可能存在双向因果关系，一旦与控制变量相关，将产生内生性问题，因此直接进行OSL难免造成有偏和不一致。从而，需要用工具变量克服此问题，以检验回归的稳定性。本章用2002年各地区市场化指数（MI_k）作为 Q_k^1 的工具变量，用2002年的各地区管理费用占工业增加值的平均比重（VI_k）作为 Q_k^2 的工具变量。前者直接来源于樊纲等（2004）的《中国市场化指数：各地区市场化相对进程2004年度报告》，后者由《中国工业经济统计年鉴》（2003）中的数据计算而得。二者都早于内生变量 $RRCA_{ik}$ 的横向观测数据数年时间，受内生变量影响的可能性较小，且分别与 Q_k^1 和 Q_k^2 紧密相关，因此是较为合适的工具变量。

（五）控制变量

各控制变量的表示指标和数据来源分别为：①外商直接投资比重（FDI_{ik}）用各行业外商资本在实收资本中的占比表示，其数据来源于《中国经济普查年鉴》（2008）；②人力资源禀赋（HE_k）用各地区高等学校在校人数在人口中的占比表示，其数据来源于《中国统计年鉴》（2009），人力资源密集度（HI_i）用科技活动人员在全行业从业人数中的占比表示，其数据来源于《中国工业经济统计年鉴》（2009）；③自然资源禀赋（RE_k）用各地采矿业产出在工业总产值中的占比表示，其数据来源于《中国工业经济统计年鉴》（2009），自然资源密集度（RI_i）用采矿业在各行业的总投入中的占比表示，其数据来源于《中国投入产出表》（2007）；④人均 GDP（GDP_k）和成本费用利润率（PM_i）均由《中国统计年鉴》（2009）中的数据计算而得。

本章的计量模型中各解释变量、控制变量以及被解释变量的测算方法和数据来源如表 4-1 所示。

表 4-1　本章计量变量说明及数据来源

类型	变量	测算方法	年份	来源
被解释变量	$RRCA_{ik}$	$RRCA_{ik} = \dfrac{X_{ik}/X_k}{X_i/X}$	2008	《中国经济普查年鉴》（2008）
解释变量	z_i^1	$z_i^1 = \sum_j \theta_{ij}(R_j^{neither} + R_j^{referprice})$	2006	Nunn（2007）
	Q_k^1	各地区强制执行合同的成本的倒数	2008	《中国营商环境报告2008》
	z_i^2	$z_i^2 = 1 - (GOV_i - VA_i + Tax_i)Sales_i$	2007	《中国工业经济统计年鉴》（2008）

类型	变量	测算方法	年份	来源
解释变量	Q_k^2	各地区开办企业、登记物权和获取信贷的成本之和的倒数	2008	《中国营商环境报告》(2008)
工具变量	MI_k	各地区市场化指数	2002	樊纲等 (2004)
	VI_k	各地区管理费用占工业增加值的平均比重	2002	《中国工业经济统计年鉴》(2003)
控制变量	FDI_{ik}	各行业外商资本在实收资本中的占比	2008	《中国经济普查年鉴》(2008)
	HE_k	各地区高等学校在校人数在人口中的占比	2008	《中国统计年鉴》(2009)
	HI_i	各行业科技活动人员在从业人数中的占比	2008	《中国工业经济统计年鉴》(2009)
	RE_k	各地区采矿业产出在工业总产值中的占比	2008	《中国工业经济统计年鉴》(2009)
	RI_i	各行业采矿业在总投入中的占比	2007	《中国投入产出表》(2007)
	GDP_k	直接获得	2008	《中国统计年鉴》(2009)
	PM_i	直接获得	2008	《中国统计年鉴》(2009)

三、初步经验观察

先分别计算出样本中 28 个行业的市场要素密集度和组织要素密集度及二者的比值，以判断行业性质。其中，该比值处于前 14 名的行业为市场要素密集型行业，处于后 14 名的行业为组织要素密集型行业（见表 4-2）。进而，计算出两种类型的行业在各地区制造业出口额中的占比（见表 4-3）。若市场要素密集型行业的占比越高，则说明该地区在该类型行业越具有出口优势；组织要素密集型行业同理。

表 4-2 各行业要素密集度测算结果及分类

市场要素密集型行业				组织要素密集型行业			
行业代码	市场要素密集度	组织要素密集度	比值	行业代码	市场要素密集度	组织要素密集度	比值
1	0.9634	0.1393	6.9142	15	0.8851	0.2291	3.8641
2	0.8837	0.1536	5.7527	16	0.8634	0.2249	3.8393

续表

市场要素密集型行业				组织要素密集型行业			
行业代码	市场要素密集度	组织要素密集度	比值	行业代码	市场要素密集度	组织要素密集度	比值
3	0.9832	0.1767	5.5652	17	0.8634	0.2254	3.8313
4	0.9846	0.2116	4.6537	18	0.9634	0.2529	3.8095
5	0.9602	0.2085	4.6047	19	0.8162	0.2215	3.6846
6	0.9848	0.2229	4.4191	20	0.9953	0.2723	3.6550
7	0.9748	0.2289	4.2582	21	0.9099	0.2519	3.6126
8	0.9446	0.2224	4.2470	22	0.8479	0.2456	3.4524
9	0.9802	0.2360	4.1540	23	0.8837	0.2700	3.2732
10	0.9808	0.2403	4.0809	24	0.9486	0.3066	3.0943
11	0.8162	0.2035	4.0113	25	0.6698	0.2450	2.7336
12	0.9100	0.2278	3.9948	26	0.6308	0.2326	2.7118
13	0.8837	0.2244	3.9380	27	0.5573	0.2512	2.2185
14	0.9230	0.2359	3.9126	28	0.4832	0.6536	0.7393

注：行业代码1~28所代表的依次为：石油加工、炼焦及核燃料加工业；化学纤维制造业；通信设备、计算机及其他电子设备制造业；交通运输设备制造业；电气机械及器材制造业；塑料制品业；通用设备制造业；金属制品业；仪器仪表及文化、办公用机械制造业；专用设备制造业；有色金属冶炼及压延加工业；家具制造业；化学原料及化学制品制造业；橡胶制品业；造纸及纸制品业；文教体育用品制造业；工艺品及其他制造业；非金属矿物制品业；黑色金属冶炼及压延加工业；印刷业和记录媒介的复制；纺织服装、鞋、帽制造业；皮革、毛皮、羽毛（绒）及其制品业；医药制造业；饮料制造业；木材加工及木、竹、藤、棕、草制品业；农副食品加工业；食品制造业；烟草制品业。

表4-3　各地区市场密集型行业和组织密集型行业出口的占比

单位：%

地区代码	1	2	3	4	5	6	7	8	9	10	11	12	13	14	15
市场密集	0.93	0.84	0.50	0.49	0.38	0.63	0.25	0.59	0.90	0.85	0.70	0.63	0.61	0.60	0.57
组织密集	0.07	0.16	0.50	0.51	0.62	0.37	0.75	0.41	0.10	0.15	0.30	0.37	0.39	0.40	0.43
地区代码	16	17	18	19	20	21	22	23	24	25	26	27	28	29	30
市场密集	0.49	0.60	0.57	0.85	0.52	0.55	0.84	0.72	0.78	0.75	0.87	0.44	0.60	0.64	0.48
组织密集	0.51	0.40	0.43	0.15	0.48	0.45	0.16	0.28	0.22	0.25	0.13	0.56	0.40	0.36	0.52

注：地区代码1~30所代表的依次为：北京、天津、河北、山西、内蒙古、辽宁、吉林、黑龙江、上海、江苏、浙江、安徽、福建、江西、山东、河南、湖北、湖南、广东、广西、海南、重庆、四川、贵州、云南、陕西、甘肃、青海、宁夏、新疆。

　　图 4-1 显示的是各地区两类行业的出口占比与相对应要素充裕度的关系。图 4-1（a）为市场要素，图 4-1（b）为组织要素。从图 4-1（a）可看出，在市场要素充裕度较低的地区，两者呈负相关关系；在市场要素充裕度较高的地区，两者呈正相关关系。从图 4-1（b）可看出，在组织要素充裕度较低的地区，两者呈正相关关系；在组织要素充裕度较高的地区，两者呈负相关关系。也就是说，地区的市场要素充裕度与市场要素密集型行业出口占比之间呈"U"形关系，而地区的组织要素充裕度与组织要素密集型行业出口占比之间呈倒"U"形关系。由此可见，现实与本章的理论假说之间是否符合，关键要看地区特征或行业特征的表现。因而，有必要加入其他的地区—行业交叉项，进一步通过回归分析考察市场要素和组织要素对地区出口优势的作用。

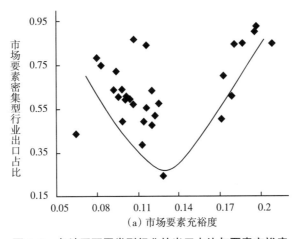

图 4-1　各地区不同类型行业的出口占比与要素充裕度

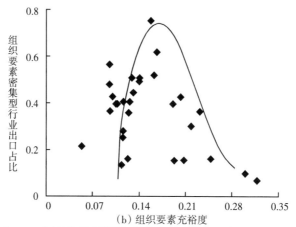

（b）组织要素充裕度

图4-1　各地区不同类型行业的出口占比与要素充裕度（续）

四、实证结果及分析

（一）基本回归结果

首先对不包括控制变量的基本模型进行回归检验。采用的样本为全国 30 个省、市、自治区与 28 个制造业企业相交叉而成的 840 组数据。表 4-4 中的基本回归结果显示，在不考虑相关控制变量的情况下，$z_i^1 Q_k^1$ 的回归系数显著为负，即市场要素的地区—行业交叉项对 $RRCA_{ik}$ 具有明显的负向作用，这表明越是密集使用市场要素的行业，其所在地区市场要素充裕度的提高越不利于出口优势的增强。同时，$z_i^2 Q_k^2$ 的回归系数为正，但显著性水平不够。在现实中，各行业的地区比较优势是诸多因素共同作用的结果，$z_i^1 Q_k^1$ 和 $z_i^2 Q_k^2$ 与内生变量之间的关系必然会受到这些因素的干扰，因而需要进一步控制这些变量。同时，表 4-4 中 3 个模型的计量方程整体显著性（F 统计量）较高，且不存在自相关性，但是拟合优度（调整后的 R^2）都很低，这也说明需要在加入控制变量后再做深入分析。

表 4-4　基本回归结果

	模型 I	模型 II	模型 III
$z_i^1 Q_k^1$	−25.940*** (−3.3020)		−31.081*** (−3.7057)
$z_i^2 Q_k^2$		6.63973 (0.4515)	27.070* (1.7350)
Adjusted R^2	0.01167	−0.00095	0.01403
Prob（F-statistic）			0.00100
D−W 统计量	1.99382	1.97718	1.99271
样本量	840	840	840

注：①表 2 中的前 2 列（模型 I 和模型 II）为对两个主要解释变量分别单独进行回归的结果，最后 1 列（模型 III）为将二者共同回归的结果。②括号内为回归系数的 t 值；***、** 和 * 分别表示 1%、5% 和 10% 的显著性水平。以下表 4-5 至表 4-7 同。

（二）加入控制变量

表 4-5 为在模型 III 的基础上逐步加入控制变量的回归结果。从表 4-5 中可发现，逐步加入 4 个控制变量后，两个主要解释变量在回归模型中的表现发生了很大的变化。在模型 IV ~ 模型 VII 中，随着控制变量增多，$z_i^1 Q_k^1$ 的回归系数尽管仍为负，但在加入最后一个控制变量之后，该系数的绝对值明显下降，且显著性水平大为降低。同时，在这一过程中，$z_i^2 Q_k^2$ 的回归系数的正负和显著性也不稳定，最后一个控制变量（$\ln GDP_k \times PM_i$）的加入使该系数由正转负，且其显著性仍较低（t 值较小）。另外，外商直接投资比重（FDI_{ik}）和人力资本的地区—行业交叉项（$HE_k \times HI_i$）均未表现出与内生变量 RRCA 之间的显著的回归关系，而自然资源的地区—行业交叉项（$RE_k \times RI_i$）和区域发展水平与行业利润率的地区—行业交叉项（$\ln GDP_k \times PM_i$）的回归系数均显著为正。表 4-5 中的模型也出现了与表 4-4 类似的问题，即尽管整体显著性较高，不存在自相关性，但拟合优度过低。这一方面可能与 Q_k^1 和 Q_k^2 的内生性有关，另一方面样本中的异常值过多也是主要原因。为此，本书通过剔除异常值样本以及设

置工具变量和 2SLS 两条途径来检验回归结果的稳定性。

表 4-5　加入控制变量的回归结果

	模型Ⅳ	模型Ⅴ	模型Ⅵ	模型Ⅶ
$z_i^1 Q_k^1$	−30.679***	−31.548***	−32.519***	−13.289
	(−3.2270)	(−3.2302)	(−3.3396)	(−1.1262)
$z_i^2 Q_k^2$	27.210*	26.320*	32.938**	−28.198
	(1.7343)	(1.6594)	(2.0594)	(−1.0578)
FDI_{ik}	−0.201	−0.230	0.626	1.662
	(−0.0902)	(−0.1033)	(0.2786)	(0.7338)
$HE_k \times HI_i$		276.689	155.947	−200.498
		(0.3922)	(0.2214)	(−0.2815)
$RE_k \times RI_i$			48.236***	62.889***
			(2.6787)	(3.3725)
$\ln GDP_k \times PM_i$				0.021***
				(2.8601)
Adjusted R^2	0.01286	0.01186	0.01912	0.02749
Prob（F-statistic）	0.00315	0.00739	0.00077	0.00005
D-W 统计量	1.99285	1.99245	1.99123	1.99229
样本量	840	840	840	840

注：表中每一列表示新增加一个控制变量。余表同。

（三）剔除异常值样本

为消除异常值对估计结果可靠性的影响，本章将残差绝对值大于 2.0 的样本定义为异常值样本，并将其去除，重新进行回归。表 4-6 显示的是剔除异常值样本后 644 个样本的回归结果。尽管同样采取逐步加入控制变量的方法，但相较表 4-5 中的结果，模型Ⅳ~模型Ⅶ中的可决系数表现出明显的提高。尽管严格按照拟合优度检验标准，这样的结果仍不甚理想，但考虑到样本数据的交叉性，已基本符合要求。由表 4-6 可见，在剔除异常值后，$z_i^1 Q_k^1$ 的回归系数在加入最后一个控制变量（$\ln GDP_k \times PM_i$）之前仍为负，但绝对值有所减小，且显著性水平大为提高，而在加入最后一个控制变量之后，该系数由负转正。同时，$z_i^2 Q_k^2$ 的回归系数变化较大，显著性水平大为提高，加入最后一个控制变量后，该系数则由正转负。另外，控制变量中变化最明显的是外商直接投资的比重（FDI_{ik}），其显著性水平大大提高，且回归系数在各模型中全部为正。人力资本交叉项（$HE_k \times HI_i$）的系数尽管在模型Ⅵ和模型Ⅴ中显著为正，但在模型Ⅶ中又转为负，且不显著。可以发现，在逐步加入控制变量的过程中，主要解释变量出现了符号改变或显著性水平发生明显升降的问题。这说明，加入的控制变量与主要解释变量之间可能存在一定的相关性。这反映出本书采用的模型存在一定内生性问题，即主要解释变量同内生变量之间存在双向因果关系，需要进一步通过设置工具变量和二阶段最小二乘法（2SLS）解决此问题。

表4-6　剔除样本异常值的回归结果

	模型Ⅳ	模型Ⅴ	模型Ⅵ	模型Ⅶ
$z_i^1 Q_k^1$	−7.136*** (−5.2205)	−7.844*** (−5.6220)	−8.262*** (−5.950)	1.494* (1.6954)
$z_i^2 Q_k^2$	5.328 (1.6142)	5.334 (1.6216)	6.894** (2.0940)	−12.513*** (−3.7758)
FDI_{ik}	0.824*** (3.026)	0.761*** (2.7929)	0.889*** (3.2587)	1.352*** (5.4849)
$HE_k \times HI_i$		196.178** (2.3443)	169.156** (2.0297)	−53.800 (−0.7032)
$RE_k \times RI_i$			21.669*** (3.4569)	54.218*** (8.8045)
$\ln GDP_k \times PM_i$				0.018*** (12.7243)
Adjusted R^2	0.04084	0.04753	0.06358	0.25218
Prob（F-statistic）	0.00000	0.00000	0.00000	0.00000
D-W 统计量	1.82527	1.80158	1.81357	1.85894
样本量	644	644	644	644

（四）工具变量与 2SLS 结果

为了有效控制内生解释变量造成的估计有偏和不一致性，本章选取了各地区市场化指数和管理费用占工业增加值的平均

比重分别作为 Q_k^1 和 Q_k^2 的工具变量。从表 4-7 可看出，未剔除异常值时，2SLS 结果并不太理想，可决系数（调整后的 R^2）出现异常值，或者各变量的显著性水平均较低。而在剔除异常值后，2SLS 的回归结果较为理想。尤其是在模型 XIII 中，即当两个工具变量同时代入计量方程时，可决系数表现较好，且与表 4-6 中模型 XI 和模型 XII 中的结果差异不大，足见该模型的结果可靠性较高。

表 4-7 二阶段最小二乘回归结果

	未剔除异常值			剔除异常值		
	模型 VIII	模型 IX	模型 X	模型 XI	模型 XII	模型 XIII
$Z_i^1Q_k^1$	−12.325 (−0.805)	53.453 (1.3652)	49.470 (1.282)	0.682 (0.3960)	2.522 (0.9424)	1.031** (2.0115)
$Z_i^2Q_k^2$	−29.433 (−0.999)	−294.033* (−1.954)	−296.396* (−1.958)	−18.776*** (−5.021)	−16.751 (−1.562)	−15.258* (−1.908)
FDI_{ik}	1.612 (0.6938)	5.488* (1.7125)	6.001* (1.761)	1.186*** (4.7020)	1.434*** (4.5318)	1.108*** (3.2851)
$HE_k \times HI_i$	−216.838 (−0.2965)	−566.185 (−0.7254)	−466.900 (−0.5912)	−117.533 (−1.4877)	−63.086 (−0.7906)	−111.554 (−1.381)
$RE_k \times RI_i$	63.083*** (3.3643)	87.358*** (3.6451)	87.016*** (3.6346)	55.093*** (8.8683)	54.851*** (8.6360)	54.565*** (8.5447)
$lnGDP_k \times PM_i$	0.022*** (2.6285)	0.082** (2.3753)	0.082** (2.3731)	0.020*** (13.1481)	0.019*** (7.6765)	0.019*** (7.5358)
Adjusted R^2	0.02748	0.08862	0.08315	0.24000	0.25026	0.24283
D-W 统计量	1.99221	1.83488	1.83282	1.85654	1.85659	1.86236
样本量	840	840	840	644	644	644

注：模型 VIII~模型 X 为未剔除异常值的 2SLS 回归结果，模型 XIII 为剔除异常值后的 2SLS 回归结果，前 1 组中的第 1 列为将第 1 个工具变量单独代入模型的结果，第 2 列为将第 2 个工具变量单独代入模型的结果，第 3 列为将 2 个工具变量同时代入模型的结果。剔除异常值后的结果依次类推。

以上实证结果表明：

第一，一个地区市场要素充裕，有助于提高该地区各行业的出口优势，尤其有助于提高市场要素密集型行业的出口优势；地区组织要素充裕度的作用恰恰相反，其给组织要素密集型行业带来的效应显著为负。这一点可解释为，若某一地区的市场要素较充裕，即中间品交易成本较低，则企业的交换范围得以扩大，交换频率随之提高，企业更易于获得外部化的机会和分工收益，从而在一定程度上增进本地区的出口优势，对于市场要素密集型行业来说，这种积极效应更为突出；当某一地区的组织要素较充裕，即组织成本较低时，企业更倾向于通过规模扩张获取市场势力，但现实中单纯的规模扩张并不必然带来企业效率的改善和规模经济收益，有可能给本地区尤其是组织要素密集型行业的出口优势造成负面影响。

第二，控制变量中人力资本充裕度和密集度并未对区域比较优势的提升做出应有的贡献，而自然资源充裕度和密集度对区域比较优势的正向效应较大。这其实恰恰反映出我国制造业对外贸易格局的基本特征，即出口快速增长更多依靠的是高投入、高消耗、高资本积累的粗放模式。中国传统比较优势主要来源于劳动力的数量和成本，而非劳动力的质量和素质。人力资本开发不足，劳动者素质提高对于出口和经济增长的贡献有待进一步提高。

第三，在逐步回归中加入地区发展水平和行业利润率的交叉项（$\ln GDP_k \times PM_i$）后，主要解释变量的正负和显著性水平均发生了较大变化。这说明，越是发达的地区或行业，越依赖组织要素的投入，而越是欠发达的地区或行业，越依赖市场要素的投入。一个地区市场要素（组织要素）的充裕度能否促进市场要素（组织要素）密集型行业的出口优势提高，与该地区的经济发展阶段及其他行业特征（主要是利润率）具有直接关系。由于本章采用的控制变量为地区—行业交叉项，因而暂无法分辨地区和行业特征因素各自如何影响制度性要素与出口优势之间的关系。但根据现有实证结果，仍可以做出以下判断：越是发达地区的优势行业，越期待组织要素的投入，同时也对企业内部对组织要素的利用效率提出了更高的要求，而越是相对欠发达地区的弱势行业，则越期待市场要素的投入，深化行业内部分工、提升契约执行效率、改善中间品交易环境具有重要意义。另外，需要说明的是，在本节的初步经验观察中，可发现地区市场要素充裕度与市场要素密集型行业出口占比之间呈"U"形关系，地区组织要素充裕度与组织要素密集型行业出口占比之间则为倒"U"形关系。这与"越是发达的地区或行业，就越依赖组织要素的投入，而越是欠发达的地区或行业，就越依赖市场要素的投入"的结论并不矛盾，因为地区市场要素（组织要素）充裕度并不能等同于其经济发展程度，市场要素（组织要素）密集型行业出口占比也并不能等同于地区比较优势。"U"形和倒"U"形毕竟是一个简单的散点图描述，其证明的是本章的理论假说是否成立关键要看地区特征或行业特征的表现。

第四节
本章小结

本章关注的是企业层面的制度对制造业比较优势的影响。本章认为，企业基于中间品交易的制度环境和自身弹性，进行综合判断，在垂直一体化与归核化之间进行理性选择，即调整企业边界，进而通过规模经济或专业化分工的途径获得比较优势。在本章中，支持企业选择归核化（边界收缩）的制度变量被称为市场要素，支持企业选择垂直一体化（边界扩张）的制度变量被称为组织要素。本章认为，市场要素和组织要素作为影响企业边界的重要制度性要素，能够直接影响一国（或地区）的比较优势及贸易结构。

　　本章在第二节首先借鉴了要素禀赋理论框架，将这两种要素纳入了理论模型Ⅰ，证明了本章的基本命题——市场要素充裕国则具有市场要素密集型产品的比较优势，组织要素充裕国在组织要素密集型产品上具有比较优势。为了弥补理论模型Ⅰ中仅以两要素的价格之比来描述要素充裕类型的缺陷，本章进而将该理论模型的思路加以拓展，构建一个基于C–D生产函数的模型，即理论模型Ⅱ，分别观察市场要素和组织要素的国内价格对于比较优势的影响，并根据最终品生产者和中间品生产者的动态博弈关系做出数理分析，同样证明了一国在密集使用其相对充裕要素的产品上具有比较优势的命题。

　　在理论分析的基础上，本章在第三节利用中国30个省、市、自治区的28个制造业行业的数据，对不同地区出口优势与市场要素（组织要素）充裕度和密集度之间的关系进行了实证检验。由于基本回归的结果不够可靠，本章采取加入控制变量、剔除异常值样本、代入工具变量和运用2SLS等方法，最终获得较为可靠的结果。回归结果显示，市场要素对不同地区出口优势的提升具有明显正向作用，组织要素则表现出明显负向作用。加入的控制变量越多，回归结果更加趋近于无偏性和一致性，这两种作用就越显著。这意味着，一个地区的市场要素越充裕，企业交易成本越低，有助于该地区的各产业，尤其是市场要素密集型行业获得出口优势；而一个地区的组织要素越充裕，企业资产并购的成本越低，则会给该地区的各产业，特别是组织要素密集型行业的出口优势带来负面效应。另外，不同地区、不同行业对制度性要素投入的反应不尽相同，较发达地区的优势行业需要更多组织要素的投入，并对企业内部组织要素的利用效率提出了更高的要求；对于相对欠发达地区的弱势行业而言，更期待市场要素的投入，出口优势在很大程度上依靠行业内部分工细化和中间品交易频率的提高。

虽然最终获得了较为可靠的实证结果，但应该看到，本章的研究仍有一定的局限性。由于数据来源受限，本章中两个关键制度性变量：市场要素（获取信贷和强制执行合同的成本的平均值）；组织要素（开办企业和登记物权的成本的平均值）的相对价格（c_i^1 和 c_i^2）。这种界定和测度方法略显简单，需要在后续研究中拓展思路，提出并设定能够全面反映企业（行业）交易费用和制度环境的指标，从而为分析制度性要素对比较优势的影响及其作用机理提供更为扎实的实证支撑。

尽管本章的研究仍有待进一步提升和完善，但其结论的政策含义仍具有参考价值。近年来，在内外部经营环境的双重压力下，我国外向型制造业企业转型升级的意愿明显增强，并取得了一定的进展。进入 2012 年以来，我国工业品出口增速明显回落，不少外贸企业再度陷入经营困境，对一些出口型产业集聚地区的经济增长和就业稳定造成较大冲击，亟待新的制度性因素来引导、支持、监督外向型企业实现转型。企业边界的变动是其施行自我调控最直接的手段之一，因而外部制度和政策因素影响企业转型最直接的途径是影响企业的中间品交易成本和并购成本。企业层面制度的改善对于中国制造业比较优势具有重要的促进意义。

从改善市场秩序、提升交易环境、增强并购效率、发挥规模收益的角度出发，要想实现外贸发展方式转变、寻求并培育新的比较优势来源，则要求加大市场要素投入数量（提高市场交易效率）和改善组织要素投入质量（提高企业并购效益）。

一方面，应着重加强各地区市场要素的供给，提高企业间中间品交易契约的执行效率，加强中间品交易合同的可操作性和可监督性，理顺上下游企业的协作关系，尽量防止违约行为，提升仲裁和监督能力，并且要打破如今仍存在的地区分割和行业垄断，通过加强行业协会、NGO 等非正式契约载体的建设，避免由资产专用性带来的中间品交易效率损耗。由于市场要素对经济发达地区的出口优势贡献率偏低，因此更要进一步重视优化东部出口大省的中间品市场交易环境，理顺要素市场的各种体制关系，创新行政服务方式，从而切实为外贸企业减负。

另一方面，应注重激发组织要素对各地区制造业比较优势的积极效应，进一步完善资本市场，对企业并购等资产交易实行有效监管，降低外贸企业在垂直一体化中所面临的风险，支持企业"走出去"，增强其国际竞争力。在此基础上，应配合自主创新和布局优化的总体战略，营造市场要素和组织要素有机结合、良性互动的微观制度环境，释放微观主体（企业）转型升级的动力和活力，从而充分挖掘各地区、不同行业的出口潜能，将"中国制造"的传统比较优势升级为可持续的国际竞争优势。

第五章

市场层面的制度对中国制造业
比较优势的影响

第一节
引 言

　　如本书前文所述，市场层面的制度主要影响的是市场的要素价格形成机制，并通过对扭曲损耗与测度成本的权衡，进而决定生产要素的真实价格被揭示程度的均衡点，并作用于外向型制造业的比较优势的获得和培养。也就是说，由于生产要素具有"复杂性"，并且测度生产要素的价值，需要技术和经济等多方面的成本，因而并非生产要素的全部属性（真实价值）都能被有效揭示，总会有一些属性划归公共领域，成为公共产品，这样会造成要素价格扭曲，机会主义者将会攫取这种扭曲带来的经济剩余，进而对私有产权造成伤害，产生了逆向激励和效率损耗。一个健康的市场经济体系会通过自我完善，实现以最低的测度成本来降低要素价格扭曲带来的效率损耗，而对于一个发展中的市场经济体系来说，制度的设计和自行演变对于生产要素价格形成机制发挥良性作用具有更重要的意义。生产要素的真实价值能否反映到市场交易中，生产要素的所有者是否被有效激励，是一国对外贸易比较优势的重要来源之一。这是因为，如果生产要素的价格被过分低估，便会对其所有者向市场提供生产要素的积极性产生负面影响，生产要素便会产生空置和浪费，并且其所有者不愿更新和提升生产要素质量（比如劳动力不愿在接受进一步教育和培训上花更多成本）；如果生产要素的价格被过分高估，便会给制造业企业带来成本压力，成本的扭曲被传导为生产的扭曲，进而延伸为消费的扭曲，在长期中对比较优势的提升是有害的。

本章这一提法的思想渊源来自经济扭曲理论。Haberler（1950）、Hagen（1958）和 Lewis（1954）等正式开启了对扭曲理论的专门研究，20 世纪 60 年代，巴格瓦蒂（Bhagwati，1969）、Ranaswami（1969）等继续做出了重要贡献，Bhagwati（1971）对这一理论进行了系统阐述。在这一理论中，"扭曲"的定义主要是指市场不完善，即市场机制没有在资源实现最优配置的过程中起到应有的作用。还有的研究者将其描述为市场价格同机会成本之间的背离（Chacholiades，1978）。扭曲的本质是对帕累托最优状态的偏离。开放经济中的帕累托最优状态的实现需要同时符合两个条件：

$$DRT = FRT = DRS; \quad MRS^1_{KL} = MRS^2_{KL}$$

式中，DRT 表示生产的国内边际转换率，FRT 表示生产的国际边际转换率，DRS 表示消费的边际替代率，MRS^1_{KL} 表示商品 1 中资本与劳动的边际替代率，MRS^2_{KL} 表示商品 2 中资本与劳动的边际替代率。这两个条件的含义为要满足帕累托条件，必须使任何一对生产要素投入量的边际技术替代率相等，且所要生产的商品同消费偏好相一致。Bhagwati（1971）指出了在开放经济条件下由于不满足上述条件而造成的四种扭曲形式：

（1）若 $FRT \neq DRT = DRS$，则表示国外市场发生了扭曲。

（2）若 $DRT \neq FRT = DRS$，则表示国内市场发生了扭曲。

（3）若 $DRS \neq DRT = FRT$，则表示发生了消费扭曲。

（4）若 $MRS_{KL}^1 \neq MRS_{KL}^2$，则表示发生了要素市场的扭曲。

Bhagwati（1971）认为，造成这四种扭曲的原因既可能是经济体系内部的原因（市场不完全），也可能由经济政策所致（包括自生性政策和工具性政策）。因此，国家应该采取税收和补贴等政策措施对这些扭曲加以纠正。由此，扭曲理论可以被看作国际贸易政策理论的重要分支之一。

张幼文（2008）重点关注了政策引致型的扭曲，认为相比内生性扭曲，政策引致型扭曲在中国开放经济中的扭曲中占主要分量，而引起扭曲的政策根源于现行的体制和制度。该文献将中国开放经济中扭曲的类型进行了细分，比如外部性和资源价格不合理引致的生产扭曲，土地与劳动力价格不合理引致的要素扭曲，汇率不合理和出口激励引致的外贸扭曲，地方政府寻租引致的福利损失等。该文献还认为"要素扭曲是中国开放经济扭曲中最重要的一种现象"。这一观点在其他很多文献中都有印证，如吴敬琏（2005）指出要素价格扭曲是实现新型工业化和经济结构调整"最大的拦路虎之一"。易行健等（2008）认为资源价格扭曲是一个亟待解决的问题。李文溥等（2011）研究了不合理的资本深化造成的劳动报酬比重下降和要素价格扭曲。另外，王庭东（2007）认为基于人为扭曲要素价格的出口成本优势已经失去了现实基础，只有通过消除政策引致型要素价格扭曲，并将其同合理的政府干预有机结合，才能够给企业以有效的创新压力和激励，在此基础上的比较优势才具有可持续的动态发展性。可见，要素价格形成机制是否有效规避了人为扭曲，是一国比较优势的重要影响因素之一。

然而，大部分文献未将生产要素价格扭曲及要素价格形成机制同制度相联系。也就是说，价格本就是同交易相紧密联系的，而诸多研究还未从交易成本的角度探讨要素价格的形成机制和扭曲现象，即没有从新制度经济学的角度分析。本章的思路受到了巴泽尔（Barzel，1982，1997）的产权理论的重要启发。巴泽尔的产权理论是一个丰富的体系，回答了界定产权的力量、方式、困难和原则等基本问题，还解答了企业理论和国家理论的相关问题[①]。

Barzel（1982，1997）认为，抽象谈论"资产"的权利（即产权）并无意义，产权的客体应该是资产的"属性"。Barzel 在分析资产的属性之前，先分析了更加容易被人理解的商品属性。他认为商品是一系列不同属性的集合，商品交易的实质是其属性在交易者之间的转让，商品属性具有多样性和复杂性。此处商品属性的概念具有一定的广度，既包括商品本身的用途，也包括其用途被发现并利用的时间性（即渐进性）。商品属性的多样性和复杂性决定了世界上不存在完全同质的商品，因而需要采取价格歧视。同时，Barzel 认为，即便采取了完全价格歧视，价格机制也无法反映商品的全部属性，这是因为对商品属性的测度是需要成本的，商品交易双方从节约交易成本、提高交易效率的角度出发，往往选择只对较易测度的属性做出规定。这样，在商品交易中未被明确规定的那部分属性便成为"剩余属性"（Residual Attributes），剩余属性被置于了商品交易的公共领域，成为交易双方竞相攫取的对象。

---

① 吕福新（2005）的一篇书评和崔兵等（2008）的一篇综述性论文对巴泽尔的产权思想做了很好的阐释，均可以为本章的思路提供借鉴。

Barzel 进而将商品属性的原理引入对资产属性的分析中。他认为资产同样具有多样性和复杂性，进而会导致高昂的测度成本，阻碍了对资产属性的明确界定，总会有部分资产属性暴露于公共领域。资产所有权在法律上和在经济上是不一致的，法律只对名义上的所有权进行规定，而经济上的所有权才是实际所有权，因为经济上的所有权才能够最终决定所有者的收益。资产权利的有效性代表着经济体系对扭曲的规避程度，既需要政府层面的努力，也需要博弈双方在市场制度框架内的努力。Barzel 的产权理论不像传统的经济扭曲理论，其没有区分内生性扭曲和政策引致型扭曲，而是以制度变量为基础。

Barzel 还认为，从动态看，资产（包括商品）属性的"可变性"比其复杂性更加容易造成资产交易中的效率损耗。资产属性的可变性也就是其不确定性，是内生于资产自身及其交易过程的。可变性的存在，一方面来源于人们对资产属性（尤其是潜在属性）的认知不完全，另一方面来源于对交易结构的不同选择。当复杂性和测度成本引起的资产属性进入公共领域时，尽管产权是"残缺"的，但交易双方仍可以通过权衡收益和成本的期望值做出相对理性的决定。但是，可变性引起的资产属性随着交易结构的改变而改变明确规定的与未明确规定的部分的组合，而资产属性的组合不同会使经济权利的分配（产权配置）改变，进而导致对真实均衡的偏离更加严重。

可见，在 Barzel 的分析中，由于资产的多样性、复杂性和可变性，以及测度成本和预见成本的存在，资产属性往往难以被完全揭示，产权界定也很可能会偏离真实均衡点。同时，本章认为，现实的均衡点反映了市场中各种力量相互制衡的格局，是制度变量的产物，而且能够对经济权利的分配产生直接影响，进而影响着对市场主体的激励，乃至一国的比较优势。

尽管 Barzel 并未正式提出"经济扭曲"，他更多关注的是广义的交易成本，但本章认为 Barzel 的产权理论同扭曲理论有一定的交叉，从另一个着重点解释了经济扭曲现象。而且，Barzel 的"资产属性"概念，按照本章的语境，更加接近于"生产要素的真实价值"，因此其产权理论对于本章关于制度变量通过要素价格形成机制影响比较优势的分析，具有非常直接的启示。

近年来，对要素价格扭曲进行实证分析的文献逐渐增多，而且视角和测度方法各有不同。如赵自芳等（2006）用 DEA 的方法研究了中国要素市场扭曲导致的产业技术效率损失，包括纯技术效率和规模经济效率，并提出了加快要素市场的市场化进程、完善制度环境的对策建议；陶小马等（2009）运用超越对数成本函数及其份额函数构成的系统方程，测度了中国工业部门中四种生产要素（资本、劳动、能源、其他）的价格扭曲程度，重点关注了能源要素价格的扭曲及其自价格弹性和与其他要素间的替代弹性；杨帆等（2009）将市场扭曲分为三类——技术扭曲、要素市场的价格扭曲、产品市场的价格扭曲，并测算了市场扭曲在纵向上的时间变化和横向上的行业差异；陈永伟等（2011）分析了要素价格扭曲引起的资源错配对于制造业的 TFP 及产出的影响，研究结果显示中国制造业 TFP 变动的主要来源为各子行业自身 TFP 的增长，而各子行业间的要素配置效应对 TFP 变动的作用并不明显，并且各子行业间的资源错配造成了实际产出与潜在产出间存在约 15% 的缺口。

另外，施炳展等（2012）的研究将要素价格扭曲同企业出口行为和贸易利益相联系，该文献具有一定的理论代表性和现实意义，在此简单介绍一下。该文献以中国"对内改革"的渐进性诱发了要素市场扭曲为立论基础，运用 C-D 生产函数方法测度了要素价格扭曲[1]，并从时间序列、分区域、分所有制对要素价格扭曲程度进行了比较分析，结果显示中国资本和劳动的要素价格均出现了明显的负向扭曲，资本的扭曲程度高于劳动的扭曲程度。在时间上，要素价格扭曲有逐年加重趋势；在分区域上，东部的扭曲程度要高于中西部；在分所有制上，外资企业（含港、澳、台）的扭曲程度要高于其他性质的企业。进而，该文献以要素价格扭曲作为主要自变量、以是否出口的虚拟变量为因变量构建了交叉数据回归模型，并在控制了企业的要素密集度、规模、R&D 投入、外包、全要素生产效率、股权特征、政府补贴等因素基础上进行计量，计量结果显示，要素价格负向扭曲对中国企业的出口意愿具有显著的促进作用，从时间序列看，"入世"后此促进作用更为显著；分区域看，东部地区的此促进作用更为显著；分所有制看，私营企业和外资企业（含港、澳、台）的此促进作用更为显著。该文献在政策含义中说："渐进式改革形成、地方政府推波逐浪的要素价格负向扭曲是中国出口奇迹的重要推动者，如果包括农民工在内的中国产业工人能够获得并分享其'应得收入'，中国或许无法实现出口第一的奇迹。"同时，该文献认为，随着中国人口红利的消散和国际同位竞争的加剧，这种依靠人为压低要素价格的出口竞争力是难以为继的，未来的政策制定应更加重视贸易利益，进一步完善劳动力和土地市场的制度化建设，加快利率市场化改革步伐。

本章在综合借鉴国内外相关文献的基础上，以市场层面的制度对制造业比较优势的影响作为主要研究对象，从理论上证

---

[1] 其基本思想是：首先估计生产函数，得出要素的边际产出，即要素的应得报酬，然后根据要素的实际报酬（即利率和工资），并计算前者同后者的比值。若该比值大于 1，则说明要素应得报酬大于要素实际报酬，即要素价格被负向扭曲；反之，则要素价格被正向扭曲。

明影响要素价格形成机制的制度变量通过影响生产要素的真实价值被揭示的程度，最终影响企业（产业）的出口意愿和比较优势，并运用中国的经验数据进行实证分析，从而得出相关结论和对策建议。其中，要素价格扭曲程度（即生产要素的真实价值被揭示的程度的反向指标）的测算，是本章的实证难点。

第二节
理论分析

一、基准模型

本章通过构建一个"$2 \times 2 \times 2$"模型，以分析资本要素和劳动力要素的价格扭曲及其纠正措施对于制造业比较优势的影响。在此模型中，包含 2 个国家——本国（H）和外国（F），外国的变量用上标 * 表示，2 种产品——产品 1 和产品 2（对于本国分别为 y_1 和 y_2；对于外国分别为 y_1^* 和 y_2^*），2 种同质生产要素——资本要素（分别为 K 和 K^*）和劳动力要素（分别为 L 和 L^*）。首先看未出现要素价格扭曲时，自由贸易对于要素相对价格的影响。

（一）基本假设

本章理论模型的假设条件如下：

假设 1：两国同一产品有相同的生产函数，即同一单位产品的生产要素投入相等，且规模报酬不变，要素的边际生产率递减。

假设 2：两国的生产要素相对充裕度（即要素禀赋）不同。假定本国劳动力要素相对充裕，而外国的资本要素相对充裕，

即 $\frac{K}{L} < \frac{K^*}{L^*}$。用双边贸易前的生产要素相对价格可表示为 $\frac{w}{r} <$ $\frac{w^*}{r^*}$，其中，w 和 w* 分别为劳动力在两国的相对价格（工资），r 和 r* 分别为资本在两国的相对价格（利率）。

假设 3：两种产品的要素相对密集度不同，即生产两种产品所需的要素比例不同。假定产品 1 为劳动力密集型，产品 2 为资本密集型。那么，对本国有 $\frac{a_{1K}}{a_{1L}} < \frac{a_{2K}}{a_{2L}}$（$a_{1K}$ 和 a_{2K} 分别表示生产 1 单位 y_1 和 1 单位 y_2 所投入的资本要素，a_{1L} 和 a_{2L} 分别表示生产 1 单位 y_1 和 1 单位 y_2 所投入的劳动力要素），对外国有 $\frac{a_{1K}^*}{a_{1L}^*} < \frac{a_{2K}^*}{a_{2L}^*}$，并且假定不存在要素密集度逆转。

假设 4：两国的产品市场均为完全竞争，且两国消费者对所有产品的需求偏好相同。

（二）模型推导

基于以上假设条件，本章将依次从封闭经济均衡、自由贸易下的本国均衡和外国均衡以及生产要素价格的自然变动三个层次来进行推导，从而从理论上判断基准情形下对外贸易与生产要素价格的关系。

1. 封闭经济的均衡

一般情况下，消费者无差异曲线是严格地凸向原点的。那么，无差异曲线即消费者效用函数为 $u = u(y_1, y_2)$，式中 y_1，$y_2 > 0$。无差异曲线的特征为同一条无差异曲线上的任何一点对应的总效用是相等的，即 $du = u_1 dy_1 + u_2 dy_2 = 0$，也就是 $-(dy_2/dy_1) = u_1/u_2$。式中，u_1 和 u_2 分别表示 y_1 和 y_2 的边际效用，$u_1 = \frac{\partial u(y_1, y_2)}{\partial y_1}$，$u_2 = \frac{\partial u(y_1, y_2)}{\partial y_2}$。同时 $-(dy_2/dy_1)$ 也是无差异曲线的斜率。结合消费者的预算约束线，在一国封闭经济的均衡点上，无差异曲线的斜率等于预算约束线的斜率，预算约束线的斜率其实也是两种产品的相对价格，那么可以得出一国封闭经济的均衡解为：

$$p^a = \frac{p_1}{p_2} = \frac{u_1}{u_2} = -\frac{y_2}{y_1}$$

式中，p^a 为 y_1 和 y_2 的相对价格，p_1 和 p_2 分别为 y_1 和 y_2 的生产价格（假定生产价格等于市场价格），即 $p_1 = wa_{1L} + ra_{1K}$，$p_2 = wa_{2L} + ra_{2K}$。根据附录 1 中的数学推导结果，结合假设 3 中 $\frac{a_{1K}}{a_{1L}} < \frac{a_{2K}}{a_{2L}}$ 的假设条件，可知：当 y_1 相对价格 p^a 提高时，劳动力要素的相对价格 $\frac{w}{r}$ 随之提高，资本要素的相对价格随之降低；当 y_2 的相对价格 $1/p^a$ 提高时，劳动力要素的相对价格随之降低，资本要素的相对价格随之提高。这其实是著名的 SS 定理的主要内容，即一种产品的相对价格的提升将使生产该产品所密集使用的要素的实际报酬提升，同时使另一个要素的实际报酬降低。

2. 自由贸易下的均衡

现在引入另外一个国家，其有关生产函数、要素禀赋、市场结构和需求的假定参照假设 1、假设 2、假设 3、假设 4。那么，外国在封闭经济下的均衡可以表示为 $p^{a*} = \frac{p_1^*}{p_2^*} = \frac{u_1^*}{u_2^*} = -\frac{y_2^*}{y_1^*}$，进而根据 $\frac{w}{r} < \frac{w^*}{r^*}$ 和 $\frac{a_{1K}}{a_{1L}} < \frac{a_{2K}^*}{a_{2L}^*}$ 的假设，可得出：

$$p^a = \frac{p_1}{p_2} < p^{a*} = \frac{p_1^*}{p_2^*}$$

从而，便可以引出"世界市场价格"。两国开展贸易的前提是两种产品必须形成世界市场价格，二者的相对比就是世界市场价格 p^w。在大部分情形下，p^w 的大小取决于 $\frac{y_1 + y_1^*}{y_2 + y_2^*} = \frac{d_1 + d_1^*}{d_2 + d_2^*}$

（等号之前的部分为世界相对供给，其后的部分为世界相对需求）。反映在图 5-1 中，自由贸易的均衡点一定位于世界相对需求曲线和世界相对供给曲线的交点 E_0。此时两国间为完全分工，根据要素禀赋决定的相对优势，本国的生产要素全部用于生产产品 1，外国的生产要素全部用于生产产品 2。只有当世界相对供给实现了完全专业化分工时，自由贸易的均衡结果才是互惠的，即双方均受益，此时两国自由贸易额均衡点为：$\dfrac{y_1 + y_1^*}{y_2 + y_2^*} = \dfrac{d_1 + d_1^*}{d_2 + d_2^*} = \dfrac{K/a_{1K}}{K^*/a_{2K}} = \dfrac{L/a_{1L}}{L^*/a_{1L}}$，均衡的世界市场价格所处的区间为 $(p^a,\ p^{a*})$[①]。由此便可得出命题 5.1。

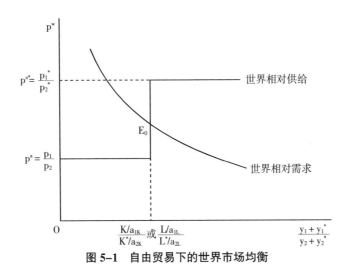

图 5-1 自由贸易下的世界市场均衡

命题 5.1：在互惠的自由贸易下，一国将专注于密集使用其充裕型生产要素的产品的生产，并通过出口获得比封闭经济下

---

① 其实即使为不完全专业化分工，也不会妨碍 $p^a < p^w < p^{a*}$ 的成立。这样做的目的是为了后面分析的简便。

更高的市场价格，同时以比封闭经济下更低的价格进口密集使用本国稀缺型生产要素的产品。

3. 自由贸易给要素价格带来的影响

结合命题 5.1，可知本国将以高于 p^a 的价格出售 y_1，也就是自由贸易使产品 1 的相对价格得到提高。再结合 SS 定理和假设 3，生产产品 1 所密集使用的生产要素——劳动力的实际报酬也会得到增进，即劳动力的相对价格 $\frac{w}{r}$ 提高。由此可以判断，假定其他条件不变，随着外贸规模的扩大，本国的充裕型要素会渐渐失去成本优势，而原来的稀缺型要素会逐渐变得充裕，同时其密集使用充裕型要素的产品也会渐渐失去出口优势，新的优势产品则有可能培育出来。

二、拓展情形

以上模型的基准情形分析了在不存在非正常要素价格扭曲的情形下，对外贸易会促使本国的充裕型要素的价格提高，稀缺型要素的价格降低。然而，现实中必然会存在要素价格扭曲。在中国目前的现实背景下，长期以来劳资关系相对不平等，劳动力的真实价值未在经济体系中反映出来，劳动力市场在大部分时间处于买方市场的状态。尽管 2008 年起实施的《劳动合同法》对劳方权益的保护作用已逐渐显现，且人口转折点的到来使劳动者的地位相对提高，但劳动力要素仍处于被廉价利用的状态。往往越是在出口导向的劳动密集型制造业行业中，越容易出现劳动力要素价格扭曲，因为这些部门对劳动技能的多样性要求相对更低，就业竞争更激烈。另外，中国的利率市场化和金融市场化还未真正实现，政府的行政意图对于货币政策和金融市场的干扰较明显。中国为了扩大内需，将法定利率定的相对较低，而且在具体操作中对不同类型的企业采取不同的金融态度，对于大型国企和港澳台、外资企业等往往进行融资偏向和土地等公共资源优惠。总之，无论资本要素还是劳动力要素，现实中均很容易出现价格负向扭曲的情况，进而对外贸比较优势造成影响，因此需要将理论分析的基准模型加以拓展。

假定封闭经济中本国的劳动力要素的相对价格为 $\frac{w_0}{r_0}$，开展自由贸易后本国的劳动力要素的相对价格便成为 $\frac{w_1}{r_1}$，而若存在要素价格扭曲，则劳动力的相对价格又变为 $\frac{w_2}{r_2}$。由于现实中要素价格扭曲往往为负向扭曲，则可以分为五种情况：

（1）若 $w_2 < w_1$ 且 $r_2 = r_1$，则本国将继续维持在劳动密集型产品上的原有优势，或者劳动密集型产品优势丧失的速度有所减缓，不利于新优势的培育。

（2）若 $w_2 < w_1$ 且 $r_2 < r_1$，$\frac{w_2}{r_2} < \frac{w_0}{r_0}$，则本国将扩大在劳动密集型产品上的原有优势，不利于新优势的培育。

（3）若 $w_2 < w_1$ 且 $r_2 < r_1$，$\frac{w_0}{r_0} < \frac{w_2}{r_2} < \frac{w_1}{r_1}$，则本国劳动密集型产品优势丧失的速度将有所减缓，不利于新优势的培育，但最终还将实现出口优势转换。

（4）若 $w_2 < w_1$ 且 $r_2 < r_1$，$\frac{w_2}{r_2} > \frac{w_1}{r_1}$，则本国劳动密集型产品优势丧失的速度将有所加速，有利于新优势的培育。

（5）若 $w_2 = w_1$ 且 $r_2 < r_1$，则本国劳动密集型产品优势丧失的速度将有所加速，有利于新优势的培育。

综上可知，不同的要素间相对负向扭曲程度，对应着不同的比较优势变动方向和速率。通过归纳以上几种情况，可以得出命题 5.2。

命题 5.2：若一国在充裕型要素上的负向扭曲比在稀缺型要素上的负向扭曲更严重，则会延续甚至扩大原有优势，不利于新优势的培育；若反之，则会加速原有优势的丧失，促使新优势替代原有优势。

要素价格的负向扭曲或许在一定范围内有积极效用，但长期看对整个经济体中的资源配置必然带来效率损耗。无论是政府出于整体利益考虑而为，还是市场机制的自发收敛效果，都会对这种要素价格的负向扭曲加以规制。这种致力于规制要素价格扭曲的市场环境就是本书所说的市场层面的制度。这种制度性要素的增加能够促进要素价格向更加真实合理的方向收敛。在负向扭曲为主的状况下，市场层面的制度主要是对生产要素的所有者加以支持，尽量保障劳动力所有者（劳动者）和资本所有者（储户和纳税人）的权益，以避免劳动力和资本的一部分价值未被有效估计而流入公共领域，成为机会主义者攫取剩余权利的对象。因此可以得出命题 5.3。

命题 5.3：市场层面的制度（支持生产要素所有者的制度）的供给量同要素价格负向扭曲程度之间为负相关关系。

对于中国的现实情况来说，市场层面的制度一般是全国统一的。无论是在金融政策及改革方面，还是在劳动权益的法律保障方面，都是由中央政府等机构根据现实情况而做出的硬约束或软约束，各地区的执行情况尽管难以避免地存在差异，但总体来说相差不大。但同时，各地区受自身经济发展阶段、产业结构、所有制结构等因素的影响，其要素价格扭曲的具体表现相差较大。根据经验判断，一个地区的要素价格扭曲的程度越深，则纠正这种扭曲的机会成本越高，越容易形成路径依赖，进而影响市场层面的制度对比较优势的作用力，原因是更大的纠正成本或测度成本会带来更严重的路径依赖。根据本书前文的分析，各地区因地区竞争和要素禀赋及结构差异，而在对外贸易中表现出各自的优势来源机制。由此可以认为，要素价格扭曲的地区间差异，是影响市场层面的制度作用于地区比较优势的重要变量。进而可得出推论。

推论：若市场层面的制度对地区比较优势的影响为正，则要素价格扭曲程度的减弱会加剧这种影响；若反之，则要素价格扭曲程度的加深会加剧这种影响。

第三节
要素价格扭曲程度的测度

一、测度方法及数据

借鉴盛仕斌等（1999）、Hsieh 等（2009）和施炳展等（2012）的做法，本章采用 C-D 生产函数方法来测度要素价格的扭曲程度。他们的基本思想是：首先估计生产函数，得出要素的边际产出，即要素的应得报酬，然后根据要素的实际报酬（即利率和工资），并计算前者同后者的比值。若该比值大于 1，则说明要素应得报酬大于要素实际报酬，即要素价格被负向扭曲；反之，则要素价格被正向扭曲。假设生产函数为：

$$Y = AK^{\alpha}L^{\beta}$$

式中，Y 为工业增加值，A 为常数，K 为固定资产投资，L 为年内从业人员，α 和 β 分别为 K 和 L 的产出弹性系数。将该生产函数对数化得：

$$\ln Y = \ln A + \alpha \ln K + \beta \ln L$$

则生产要素 K 和 L 的边际产出（应得报酬）分别为：

$MP_K = A\alpha K^{\alpha-1}L^\beta = \alpha Y/K$，$MP_L = A\beta K^\alpha L^{\beta-1} = \beta Y/L$

在获得了资本的价格 r 和劳动的价格 w（即要素的实际报酬）之后，便可计算各种要素的价格扭曲指数（distK 和 distL）及总体扭曲指数（distT）如下：

$distK = MP_K/r$，$distL = MP_L/w$，$distT = distK^{\frac{\alpha}{\alpha+\beta}} \times distL^{\frac{\beta}{\alpha+\beta}}$

盛仕斌等（1999）、Hsieh 等（2009）和施炳展等（2012）采用的是微观数据，而本章拟采用宏观数据，以更好地同市场层面的制度变量和比较优势相联系。本章先将各地区的不同性质的工业企业的相关数据构成第一组横截面数据，通过回归分析估计出相关系数和扭曲程度，并且逐年进行回归，以求得每年的结果（$distK_t$、$distL_t$ 和 $distT_t$）；再将各种性质的工业企业的历年数据构成第二组横截面数据，各地区的截面数据分别进行回归，以求得各地区的结果（$distK_k$、$distL_k$ 和 $distT_k$）。此处 Y 为工业增加值，K 为固定资产净值，L 为年内从业人员，以上三个变量的数据均来源于历年《中国工业经济统计年鉴》。劳动的价格 w 是就业人员平均工资，各地区的 w 为历年均值，各年份的 w 为各地区均值（资本的价格 r 同），数据来源于历年《中国统计年鉴》。资本的价格 r 为利率，本章借鉴施炳展等（2012）的做法，先计算出各地区工业企业的利息支出与负债合计的比值，若该比值大于或等于当年法定一年期贷款利率，则将其采用为资本的实际报酬，若该比值低于当年法定一年期贷款利率，则将当年法定一年期贷款利率采用为资本的实际报酬。以上有关利率的数据来源于历年《中国工业经济统计年鉴》和《中国统计年鉴》。

此处选用 2001~2011 年的数据，其中 2004 年的数据缺失，

暂不考虑；地区包括全国 30 个省、直辖市和自治区，不包括
港、澳、台和西藏自治区（西藏数据不完整，因此暂不考虑）；
各种性质的企业包括国有、集体、股份合作、联营、有限责任
公司、股份有限公司、私营、港澳台投资和外商投资企业 9 种。

二、测度结果及分析

　　表 5-1 显示的是以各地区不同性质的企业的相关数据为横
截面数据的各年份的回归结果。由该表可知，C-D 生产函数的
两个主要估计结果 α 和 β 在全部年份均为显著，且调整后的可
决系数和整体显著性都基本符合要求。表 5-2 显示的是以各种
性质的企业的历年数据为横截面数据的各地区的回归结果。由
该表可知，α 和 β 的估计结果较为良好。

表 5-1　各年份的 C-D 函数的回归结果

年份	α	β	Adjusted R²	Prob（F-statistic）
2001	0.52592	0.49398	0.94627	0.00000
2002	0.54167	0.47376	0.96205	0.00000
2003	0.56285	0.45257	0.96542	0.00000
2005	0.52362	0.51420	0.97591	0.00000
2006	0.47723	0.57096	0.97645	0.00000
2007	0.24855	0.82449	0.81628	0.00000
2008	0.52984	0.49368	0.86848	0.00000
2009	0.34892	0.68009	0.90837	0.00000
2010	0.32369	0.69174	0.90126	0.00000
2011	0.38819	0.57757	0.89512	0.00000

表 5-2　各地区的 C-D 函数的回归结果

省市区	α	β	Adjusted R²	Prob（F-statistic）	省市区	α	β	Adjusted R²	Prob（F-statistic）
北京	0.4722	0.7382	0.9108	0.0000	河南	0.2254	0.7466	0.8409	0.0000
天津	0.6941	0.2741	0.9063	0.0000	湖北	0.4194	0.5469	0.9341	0.0000
河北	0.2241	0.6805	0.8429	0.0000	湖南	0.5050	0.4580	0.9413	0.0000

续表

省市区	α	β	Adjusted R²	Prob (F-statistic)	省市区	α	β	Adjusted R²	Prob (F-statistic)
山西	0.4148	0.5107	0.9224	0.0000	广东	0.7612	0.2981	0.8509	0.0000
内蒙古	0.6392	0.3039	0.9427	0.0000	广西	0.4480	0.4874	0.8976	0.0000
辽宁	0.3854	0.5983	0.8758	0.0000	海南	0.5109	0.5399	0.9343	0.0000
吉林	0.3641	0.7097	0.8882	0.0000	重庆	0.5867	0.4379	0.9553	0.0000
黑龙江	0.6495	0.3438	0.9365	0.0000	四川	0.4788	0.4202	0.9399	0.0000
上海	0.5210	0.5439	0.8141	0.0000	贵州	0.3414	0.7977	0.8940	0.0000
江苏	0.3770	0.6511	0.9664	0.0000	云南	0.5411	0.5114	0.9352	0.0000
浙江	0.5169	0.5013	0.9673	0.0000	陕西	0.5864	0.3881	0.8911	0.0000
安徽	0.4997	0.4990	0.9181	0.0000	甘肃	0.3951	0.5149	0.7563	0.0000
福建	0.3553	0.6158	0.9316	0.0000	青海	0.6182	0.3709	0.8724	0.0000
江西	0.3007	0.6172	0.8821	0.0000	宁夏	0.4177	0.4948	0.9246	0.0000
山东	0.4208	0.4880	0.8954	0.0000	新疆	0.7238	0.3020	0.9483	0.0000

表 5-3 显示的是根据以上回归结果及整理得出的其他数据而测算得的中国工业经济的要素价格扭曲程度的结果。从整体上看，在绝大多数年份和地区，中国的资本要素的负向扭曲程度（distK）要高于劳动力要素的负向扭曲程度（distL）。分年度看，资本的扭曲程度在 2006 年之前逐年增加，2007 年起呈相对平稳趋势，劳动力的扭曲程度在 2007 年之前逐年增加，2008 年起呈相对平稳趋势。分地区看，在四大经济区域中，资本、劳动和总体的扭曲（$distK_k$、$distL_k$ 和 $distT_k$）的几何平均值均显示为负向扭曲，且差异较大。其中，东部地区的资本要素的价格负向扭曲程度最高，为 3.9061，这是因为东部资本的边际产出最高，同时东部的投资环境较好①，东部的投资竞争激烈，因而实际利率较低；东北地区的劳动力要素的价格负向扭曲程度最

---

① 除了有较优越的地理位置和技术知识资源以外，政策上大量开发区、保税区、高新产业园区的设立也属于东部地区投资环境优越的表现。

高，为 3.3676，这是因为东北地区的劳动力市场化程度低于其他地区，劳动力价值被低估的现象相对较为严重。

表 5-3 中国工业经济的要素价格扭曲状况

组目		MP_K	r	distK	MP_L	w	distL	distT
年份	2001	0.2487	0.0585	4.2513	2.7596	0.9632	2.8649	3.5116
	2002	0.2762	0.0531	5.2015	3.0151	1.0737	2.8082	3.9015
	2003	0.3282	0.0531	6.1808	3.5509	1.2138	2.9255	4.4286
	2005	0.3796	0.0558	6.8029	5.7950	1.5487	3.7419	5.0591
	2006	0.3660	0.0585	6.2564	7.6543	1.7779	4.3052	5.1039
	2007	0.2073	0.0680	3.0485	13.2430	2.0696	6.3987	5.3890
	2008	0.2025	0.0647	3.1298	3.9353	2.4070	1.6349	2.2882
	2009	0.1176	0.0531	2.2147	5.5074	2.6421	2.0845	2.1278
	2010	0.1183	0.0556	2.1277	6.5156	3.0634	2.1269	2.1272
	2011	0.1593	0.0618	2.5777	6.8603	3.6398	1.8848	2.1376
地区	东部平均	0.2266	0.0580	3.9061	5.1840	2.3394	2.2979	3.2644
	中部平均	0.1721	0.0580	3.2889	4.8246	1.7744	2.7251	2.9461
	西部平均	0.1908	0.0580	2.9668	4.9400	1.9352	2.5554	3.0149
	东北平均	0.2181	0.0580	3.7584	6.5709	1.9567	3.3676	3.7847

注：根据国发〔2000〕33 号文件，东部地区是指北京、天津、河北、辽宁、上海、江苏、浙江、福建、山东、广东和海南 11 个省市；中部地区是指山西、吉林、黑龙江、安徽、江西、河南、湖北和湖南 8 个省；西部地区是指重庆、四川、贵州、云南、西藏、陕西、甘肃、青海、宁夏、新疆、广西和内蒙古 12 省、市、自治区。本章将辽宁、吉林、黑龙江单独划分为东北地区，并暂不考虑西藏自治区的数据。

第四节
实证分析

一、实证模型

根据本章的理论假说，市场层面的制度通过影响要素价格扭曲程度，能够对一国（地区）的比较优势产生影响。根据本章第三节中对要素价格扭曲程度的测度，发现中国历年各地区的要素价格扭曲基本上为负向扭曲，即要素价格被低估了。同时，本章预判支持要素所有者的制度变量与地区比较优势之间存在相关关系，且其相关系数和显著性水平分别与地区要素价格扭曲程度正相关。也就是说，地区的要素价格扭曲越严重，支持生产要素所有者的制度要素对区域比较优势的影响就越明显（这一点将在后文中进行经验证明）。本章据此认为，可以将各年度的全国层面的支持要素所有者的制度变量定义为该制度的充裕度，将各地区的要素价格扭曲程度定义为使用该制度的密集度，即弹性。二者的交叉项是各地区比较优势的重要来源，可以组成面板数据进行回归来判断具体回归关系。再加上对其他外生变量有效控制，可以构建本章的计量模型为：

模型 1：$RRCA_{kt} = \alpha \times distT_k \times Q_t + \xi C_{kt} + b + u_k + \varepsilon_{kt}$

模型 2：$RRCA_{kt} = \alpha_1 \times distK_k \times Q_t^1 + \alpha_2 \times distL_k \times Q_t^2 + \xi C_{kt} + b + u_k + \varepsilon_{kt}$

式中，变量下标 k 和 t 分别代表不同地区和不同年份，u_k 代表服从随机分布的一个没有观测到的区域因素的影响，ε_{kt} 代表残差项，此处仅显示了面板数据回归的随机影响（Random Effect）模型的样式，另外还有固定影响（Fixed Effect）模型和混合数据普通最小二乘法（Pooled OLS），在此省略不表。$RRCA_{kt}$ 为 k 地区当年的区域显示性比较优势指数，$distT_k$、$distK_k$ 和 $distL_k$ 分别为 k 地区的要素价格扭曲指数，Q_t、Q_t^1 和 Q_t^2 分别为支持全部要素、资本要素和劳动力要素所有者的制度变量，C_{kt} 为其他控制变量。本章把全部要素及资本和劳动力要素的扭曲程度与支持这些要素的制度变量的交叉项对比较优势的解释意义，分别在模型 1 和模型 2 中进行回归，以实现更加精确的估计和有针对性的结论与对策。为保证检验结果的稳定性，在回归中逐步加入以下控制变量：①地区吸引外商直接投资的对数（$\ln FDI_{kt}$）；②地区的人力资本禀赋（HE_{kt}）；③地区的自然资源禀赋（RE_{kt}）；④地区人均 GDP 的对数（$\ln GDP_{kt}$）。

二、变量选取、数据来源及处理

（一）被解释变量

本章的区域显示性比较优势指数（$RRCA_{kt}$）不同于第四章中的 $RRCA_{ik}$，由于这里采用的是面板数据，因而 $RRCA_{kt}$ 指的是一个地区的全部制造业在全国范围内的相对优势与该国的全部制造业在世界范围内的相对优势之比，测算公式为：

$$RRCA_{kt} = \frac{X_{kt}/X_{ht}}{X_{ht}/X_t}$$

式中，X_{kt} 表示 k 地区当年的出口额，X_{ht} 表示全国当年的出口额，X_t 表示全世界当年的出口总额。此处的国内数据均来源于历年《中国统计年鉴》，世界数据来源于历年《国际统计年鉴》。时间跨度为 2001~2011 年（排除 2004 年），横向组别包括全国除港澳台和西藏之外的 30 个省、直辖市、自治区，以下各变量均依此例。

（二）要素价格扭曲指数

k 地区的全部生产要素价格扭曲指数 $distT_k$、资本要素价格扭曲指数 $distK_k$ 及劳动力要素价格扭曲指数 $distL_k$ 代表着市场层面的制度在各地区的弹性，在本章第三节中已测算得出，在此不再赘述。

（三）支持资本要素所有者的制度变量

本章中支持资本要素所有者的制度变量 Q_k^1，在理论上主要是指金融市场化程度。然而，研究者对金融市场化定义的看法不一，且在实证分析中所指相对混乱。如江春等（2010）运用金融相关率或金融深化程度变量指代利率市场化，具体采用 M_2 与 GDP 的比值来测算，但此方法过于粗略；周业安等（2005）、刘毅等（2002）用 1 和 0 的虚拟变量表示金融市场化的各指标赋值；庄晓玖（2007）在测算金融市场化时，构建了消除信贷管制、利率市场化等 7 个指标，为各指标的相关历史事件按影响力大小在 0~1 间赋值，最小间隔为 0.05。本章认为不能简单地用虚拟变量为指标赋值，必须采用统计数据来构建指标体系，并用主成分分析法确定指标权重。本章选取股市总市值（X_1）、金融机构信贷支出（X_2）、M_2（X_3）、期货成交额（X_4）、债券成交额（X_5）、证券投资基金成交额（X_6）和金融业从业人员数（X_7）这 7 个指标来计算金融市场化指数，数据来源于历年《中国统计年鉴》和历年《中国金融统计年鉴》。首先要对原始数据进行标准化处理[①]，处理公式为：

$$Z_{tj} = \frac{x_{tj} - \bar{x}_j}{\sigma_j}$$

式中，Z_{tj} 为第 t 年第 j 个指标的标准化值，σ_j 为第 j 个指标的标准差。由此得到的标准化数据见附录 2。通过主成分分析可知，这 7 个因子中可提取出 1 个公因子（方差贡献率接近80%），进而得出因子得分系数矩阵，并将其表示为 7 个指标的线性形式：

$$Q_t^1 = 0.15 \times X_1 + 0.18 \times X_2 + 0.179 \times X_3 + 0.16 \times X_4 + 0.12 \times X_5 + 0.154 \times X_6 + 0.179 \times X_7$$

利用以上函数与附录 2 中的标准化数据便可得出 2001~2011 年中国的金融市场化指数（排除 2004 年）。由于该结果取值范围为（-2，2），为了不影响回归结果的准确性，本章将其全部

[①] 标准化处理后的每个变量的平均值为 0，方差为 1。

加 10，见附录 3。

（四）支持劳动力要素所有者的制度变量

本章认为，支持资本要素所有者的制度变量 Q_t^2 的测度同样需要由统计数据来提供支持。在每年的劳动争议处理统计中，以结案的争议按照处理结果分，可分为用人单位胜诉、劳动者胜诉和双方部分胜诉三种。其中，劳动者胜诉的案件中已结案件中所占的比重，可以反映支持劳动者获得更高报酬的制度环境。由于该结果取值范围为（0，1），因此需要在原值的基础上全部加 10。本章用该指标来测度 Q_t^2，数据来源于历年《中国统计年鉴》。

（五）支持全部要素所有者的制度变量

本章拟根据资本和劳动力要素的产出弹性系数来测度全部要素所有者的制度变量 Q_t，具体方法为：

$$Q_t = Q_t^{1\frac{\alpha_t}{\alpha_t + \beta_t}} \times Q_t^{2\frac{\beta_t}{\alpha_t + \beta_t}}$$

式中，α_t 和 β_t 是在第五章第三节中根据 C–D 函数算得的弹性系数。

（六）控制变量

本章计量模型的各控制变量的具体指标和数据来源分别为：①地区吸引外商直接投资的对数（$\ln FDI_{kt}$）用各地区外商投资企业的年内投资总额的对数来表示，其数据来源于历年《中国统计年鉴》；②地区的人力资本禀赋（HE_{kt}）用各地区高等学校在校人数在人口中的占比来表示，其数据来源于历年《中国统计年鉴》；③地区的自然资源禀赋（RE_{kt}）用各地采矿业产出在工业总产值中的占比来表示，其数据来源于历年《中国工业经济统计年鉴》；④地区人均 GDP 的对数（$\ln GDP_{kt}$）由历年《中国统计年鉴》中的数据计算而得。

三、初步经验观察

在前文中，本章预判支持生产要素所有者的制度变量与区域比较优势存在相关关系，且其相关系数和显著性水平分别与地区的要素价格扭曲程度正相关。在此必须要用经验数据对其进行验证，否则将导致计量模型难以成立。此处首先将中国各地区的支持生产要素所有者的制度变量（Q_t、Q_t^1 和 Q_t^2）与 $RRCA_{kt}$ 之间的相关关系进行统计分析。表 5-4、表 5-5 和表 5-6 分别显示的是 Q_t、Q_t^1 和 Q_t^2 与各地区的 $RRCA_{kt}$ 之间的 Spearman 相关系数及其对应的相伴概率（P 值）。同时将各地区对应的要素价格扭曲指数一并列出，以便于比较。从表 5-4 中可以发现，在大多数地区，Q_t 与 $RRCA_{kt}$ 之间的相关性显著为负，表现为不显著的地区多为要素价格扭曲指数 $distT_k$ 相对较低的地区，而 $distT_k$ 相对较高的地区对应的 Spearman 系数的显著性和绝对值也较高。

表 5-4　制度变量与区域比较优势的相关系数（一）

省市区	Spearman系数	P-value	$distT_k$	省市区	Spearman系数	P-value	$distT_k$
北京	-0.976	0.000	1.913	河南	-0.721	0.019	3.253
天津	-0.976	0.000	4.121	湖北	-0.442	0.200	2.935
河北	-0.927	0.000	2.881	湖南	-0.927	0.000	3.766
山西	-0.891	0.001	2.258	广东	-0.976	0.000	5.251
内蒙古	-0.903	0.000	4.082	广西	-0.406	0.244	2.778
辽宁	-0.976	0.000	2.674	海南	-0.794	0.006	4.274
吉林	-0.976	0.000	4.073	重庆	-0.248	0.489	3.077
黑龙江	-0.709	0.022	4.978	四川	-0.224	0.533	3.014
上海	-0.976	0.000	2.361	贵州	-0.770	0.009	3.155
江苏	-0.976	0.000	3.446	云南	-0.576	0.082	3.721
浙江	-0.988	0.000	2.969	陕西	-0.939	0.000	4.270
安徽	-0.903	0.000	3.092	甘肃	-0.903	0.000	1.499

续表

省市区	Spearman 系数	P-value	$distT_k$	省市区	Spearman 系数	P-value	$distT_k$
福建	−0.867	0.001	2.941	青海	−0.842	0.002	2.772
江西	0.236	0.511	2.604	宁夏	−0.903	0.000	2.021
山东	−0.988	0.000	3.796	新疆	0.164	0.651	4.225

注：显著性水平为双侧检验。表5-5至表5-6同。

从表 5-5 中可以发现，在大多数地区，Q_t^1 与 $RRCA_{kt}$ 之间的相关性显著为负，表现为不显著的地区多为资本要素价格扭曲指数 $distK_k$ 相对较低的地区，而 $distK_k$ 相对较高的地区对应的 Spearman 系数的显著性和绝对值也较高。

表 5-5　制度变量与区域比较优势的相关系数（二）

省市区	Spearman 系数	P-value	$distK_k$	省市区	Spearman 系数	P-value	$distK_k$
北京	−0.988	0.000	2.031	河南	−0.733	0.016	2.038
天津	−0.988	0.000	6.209	湖北	−0.455	0.187	2.895
河北	−0.939	0.000	1.576	湖南	−0.939	0.000	5.483
山西	−0.903	0.000	2.348	广东	−0.988	0.000	9.360
内蒙古	−0.915	0.000	4.822	广西	−0.418	0.229	3.157
辽宁	−0.988	0.000	2.031	海南	−0.806	0.005	3.636
吉林	−0.988	0.000	3.152	重庆	−0.261	0.467	4.618
黑龙江	−0.733	0.016	6.490	四川	−0.200	0.580	4.042
上海	−0.988	0.000	3.567	贵州	−0.782	0.008	2.150
江苏	−0.988	0.000	4.071	云南	−0.588	0.074	4.136
浙江	−1.000	0.000	4.818	陕西	−0.952	0.000	5.213
安徽	−0.915	0.000	3.910	甘肃	−0.927	0.000	1.502
福建	−0.879	0.001	3.723	青海	−0.867	0.001	2.687
江西	0.212	0.556	2.296	宁夏	−0.927	0.000	1.891
山东	−1.000	0.000	4.693	新疆	0.118	0.603	4.850

从表 5-6 中可以发现，在大多数地区，Q_t^2 与 $RRCA_{kt}$ 之间的相关性显著为正，表现为不显著的地区多为劳动力要素价格扭曲指数 $distL_k$ 相对较低的地区，而 $distL_k$ 相对较高的地区对应的

Spearman 系数的显著性和绝对值也较高。可见，要素价格扭曲程度越高的地区，市场层面的制度要素对比较优势正向或负向的影响力越明显。因此要素价格扭曲指数可以作为支持要素所有者的制度变量的弹性在地区间的表现，符合前文中的预判。但需要说明的是，以上仅为统计学意义上的关系，不代表更多的经济学含义，要想得到更准确的实证结果，需要进行回归分析。

表5-6 制度变量与区域比较优势的相关系数（三）

省市区	Spearman 系数	P-value	$distL_k$	省市区	Spearman 系数	P-value	$distL_k$
北京	0.939	0.000	1.841	河南	0.648	0.043	3.746
天津	0.939	0.000	1.460	湖北	0.273	0.446	2.966
河北	0.855	0.002	3.514	湖南	0.855	0.002	2.489
山西	0.806	0.005	2.187	广东	0.939	0.000	1.200
内蒙古	0.842	0.002	2.876	广西	0.285	0.425	2.470
辽宁	0.939	0.000	2.726	海南	0.758	0.011	4.980
吉林	0.915	0.000	4.644	重庆	0.164	0.651	1.786
黑龙江	0.600	0.067	3.016	四川	0.018	0.960	2.158
上海	0.939	0.000	1.590	贵州	0.709	0.022	3.718
江苏	0.939	0.000	3.129	云南	0.539	0.108	3.327
浙江	0.927	0.000	1.802	陕西	0.903	0.000	3.159
安徽	0.818	0.004	2.444	甘肃	0.927	0.000	1.498
福建	0.855	0.002	2.567	青海	0.867	0.001	2.920
江西	-0.406	0.244	2.769	宁夏	0.927	0.000	2.137
山东	0.927	0.000	3.161	新疆	-0.030	0.934	3.035

四、实证结果及分析

（一）面板数据的平稳性检验

在进行面板数据回归之前，需要对各个变量的平稳性进行检验。利用 Levin-Lin-Chu（LLC）、Im-Pesaran-Shin（IPS）、Fisher-ADF 和 Fisher-PP 四种方法来进行面板数据的单位根检验，各变量水平值的检验结果如表5-7所示。四种检验方法的零假设均是序列存在且只存在 1 个单位根。由表 5-7 可知，当选择 0.05 的显著性水平时，只有变量 $distT_k \times Q_t$ 的水平值在大部分检验方法下为平稳，而其他变量的水平在大部分检验方法下显示为不平稳（P 值大于 0.05）。因此，需要进一步检验各变量一阶差分的平稳性。

表 5-7　各变量水平值的单位根检验结果

变量		检验方法			
		LLC	IPS	Fisher-ADF	Fisher-PP
水平值	$RRCA_{kt}$	−8.0927 (0.0000)	1.4103 (0.9208)	48.0761 (0.8661)	139.6850 (0.000)
	$distT_k \times Q_t$	−18.1666 (0.0000)	−3.7107 (0.0000)	138.5390 (0.0000)	379.7280 (0.0000)
	$distK_k \times Q_t^1$	−11.1920 (0.0000)	−0.1415 (0.4437)	54.1215 (0.6893)	118.4780 (0.0000)
	$distL_k \times Q_t^2$	−5.6111 (0.0000)	2.6914 (0.9964)	11.8617 (1.0000)	7.5806 (1.0000)
	$lnFDI_{kt}$	−4.7755 (0.0000)	1.3855 (0.9170)	37.0123 (0.9915)	37.7648 (0.9890)
	HE_{kt}	−2.7255 (0.0032)	3.4956 (0.9998)	15.6729 (1.0000)	26.5816 (0.9999)
	RE_{kt}	−10.1582 (0.0000)	−0.3938 (0.3469)	69.7718 (0.1820)	98.3050 (0.0013)
	$lnGDP_{kt}$	−8.0310 (0.0000)	−0.2927 (0.3849)	66.2300 (0.2708)	88.6684 (0.0095)

注：单位根检验包含个体截距和趋势；括号中为 P 值。表 5-8 同。

所有变量的一阶差分的单位根检验结果如表 5-8 所示。该表显示每个变量的一阶差分基本上在全部检验方法中显示为拒绝零假设，不存在单位根过程，即均为平稳序列。因此可以判断这些数据适合进一步的面板数据回归。

表5-8 各变量一阶差分值的单位根检验结果

	变量	检验方法			
		LLC	IPS	Fisher–ADF	Fisher–PP
一阶差分	$RRCA_{kt}$	−15.5702 (0.0000)	−2.1849 (0.0144)	118.8120 (0.0000)	189.5310 (0.0000)
	$distT_k \times Q_t$	−23.2382 (0.0000)	−4.0476 (0.0000)	171.3770 (0.0000)	376.1340 (0.0000)
	$distK_k \times Q_t^1$	−28.3094 (0.0000)	−5.0765 (0.0000)	214.2290 (0.0000)	396.4230 (0.0000)
	$distL_k \times Q_t^2$	−7.2828 (0.0000)	−0.6123 (0.2702)	77.0414 (0.0683)	322.0070 (0.0000)
	$lnFDI_{kt}$	−19.1899 (0.0000)	−2.1436 (0.0160)	116.7240 (0.0000)	144.7900 (0.0000)
	HE_{kt}	−33.7173 (0.0000)	−5.1673 (0.0000)	199.7860 (0.0000)	222.1980 (0.0000)
	RE_{kt}	−21.8136 (0.0000)	−4.2633 (0.0000)	182.8080 (0.0000)	293.4970 (0.0000)
	$lnGDP_{kt}$	−31.6537 (0.0000)	−4.7530 (0.0000)	200.4070 (0.0000)	276.7020 (0.0000)

（二）基本回归结果

运用本章所准备的各变量的面板数据，对模型1和模型2进行实证检验。先不加入控制变量，仅对主要解释变量与被解释变量的回归关系进行检验的结果如表5-9所示。从结果中可知，在模型1中，$distT_k \times Q_t$的回归系数在随机影响模型和固定影响模型中均显著为负，而Hauseman检验结果显示应采纳固定影响模型的结果；在模型2中，$distK_k \times Q_t^1$和$distL_k \times Q_t^2$的回归系数在随机影响模型和固定影响模型中均显著为负，Hauseman检验结果显示应采纳固定影响模型的结果。在模型1和模型2中，固定影响模型的拟合优度和整体显著性的表现均远远优于随机影响模型。因此，可以初步判断，中国支持全部要素所有者、资本要素所有者和劳动力要素所有者的制度变量的量化值越高，对应的出口比较优势越弱，在要素价格扭曲程度较高的地区，这种负向作用越明显。但是，地区比较优势还受诸多其他因素影响，必须将这些变量加以控制，才能得出更加准确的判断。

表 5-9　面板数据的基本回归结果

	模型 1		模型 2	
	随机影响	固定影响	随机影响	固定影响
$distT_k \times Q_t$	−0.05117*** (−4.40556)	−0.04524*** (−9.59618)		
$distK_k \times Q_t^1$			−0.02820*** (−6.71182)	−0.02845*** (−7.73144)
$distL_k \times Q_t^2$			−0.05394*** (−3.61093)	−0.32483*** (−4.96703)
F 统计量	17.50468	127.26010	18.73835	144.22330
Prob（F-statistic）	0.00004	0.00000	0.00000	0.00000
Hauseman 检验	33.41804		100.21161	
Prob（Hauseman）	0.00000		0.00000	
Adjusted R^2	0.05231	0.92684	0.10607	0.93691
样本组数	30	30	30	30
样本总数	300	300	300	300

注：括号内为回归系数的 t 值；***、** 和 * 分别表示 1%、5% 和 10% 的显著性水平。表 5-10 至表 5-11 同。

（三）加入控制变量

首先来看在模型 1 中逐步加入控制变量后的回归结果（如表 5-10 所示）。加入了 $lnFDI_{kt}$、HE_{kt}、RE_{kt} 和 $lnGDP_{kt}$ 这几个控制变量而形成的计量模型的 Hauseman 检验和其他指标均支持采纳固定影响模型的结果。每加入一个控制变量，$distT_k \times Q_t$ 的回归系数均未发生明显变化，即显著为负，而显著性水平有轻微提高（t 值的绝对值增大）。在控制变量中，$lnFDI_{kt}$ 的回归系数为正，但并非全部显著；HE_{kt} 的回归系数显著为负，这同本书第四章的实证结果接近，说明人力资本对比较优势的贡献不足，人才潜力的开发力度有待提高；RE_{kt} 的回归系数为正，但不显著，这与第四章的实证结果有所差异，可能是与金融危机的影响有一定关联（第四章采用的 2007 年地区—行业交叉数据）；$\ln GDP_{kt}$ 的回归系数显著为正。

表 5-10　模型 1 中加入控制变量的逐步回归结果

	（一）		（二）		（三）		（四）	
	随机影响	固定影响	随机影响	固定影响	随机影响	固定影响	随机影响	固定影响
$distT_k \times Q_t$	-0.028**	-0.04***	-0.009	-0.04***	-0.009	-0.04***	-0.001	-0.05***
	(-2.37)	(-4.56)	(-0.81)	(-4.66)	(-0.79)	(-5.44)	(-0.07)	(-5.96)
$\ln FDI_{kt}$	-0.0173	0.0039	0.247***	0.108***	0.244***	0.107***	0.327***	0.026
	(-0.40)	(0.220)	(4.262)	(5.371)	(4.154)	(4.994)	(4.909)	(1.257)
HE_{kt}			-52.7***	-18.5***	-52.1***	-18.9***	-33.6***	-25.5***
			(-6.63)	(-8.26)	(-6.40)	(-8.97)	(-2.80)	(-9.19)
RE_{kt}					-0.120	0.178	0.245	0.032
					(-0.18)	(1.270)	(0.354)	(0.253)
$\ln GDP_{kt}$							-0.27**	0.18***
							(-2.20)	(5.430)
F 统计量	3.8354	115.480	15.330	124.111	11.4302	128.585	10.3101	136.663
Prob（F-statistic）	0.0227	0.0000	0.0000	0.0000	0.0000	0.0000	0.0000	0.0000
Hauseman 检验	74.380		41.493		42.5066		45.1540	
Prob（Hauseman）	0.0000		0.0000		0.0000		0.0000	
Adjusted R^2	0.0186	0.9223	0.1257	0.9295	0.1224	0.9337	0.1347	0.9391
样本组数	30	30	30	30	30	30	30	30
样本总数	300	300	300	300	300	300	300	300

注：表中 （一）、（二）、（三）、（四）表示新增加一个控制变量。表 5-11 同。

其次来看在模型 2 中逐步加入控制变量后的回归结果 （见表 5-11）。同样，加入 $\ln FDI_{kt}$、HE_{kt}、RE_{kt} 和 $\ln GDP_{kt}$ 这几个控制变量而形成的计量模型的 Hauseman 检验和其他指标均支持采纳固定影响模型的结果。每加入一个控制变量，$distK_k \times Q_t^1$ 和 $distL_k \times Q_t^2$ 的回归系数及显著性水平均未发生明显变化，即显著为负，可见上文中的基本回归结果是稳健的。控制变量在模型 2 中的表现同模型 1 基本接近，不同的是 $\ln GDP_{kt}$ 的回归系数在模型 2 中不再显著。另外，可以发现，支持劳动力要素所有者的制度对于比较优势的影响为负，这与前文中的初步经验观察结果（见表 5-6）有一定相悖，说明我国对劳动者的保护在短期内不利于比较优势的增强，或者说我国的制造业比较优势建立在对劳动力的廉价利用的基础上。

表 5-11　模型 2 中加入控制变量的逐步回归结果

	（一）		（二）		（三）		（四）	
	随机影响	固定影响	随机影响	固定影响	随机影响	固定影响	随机影响	固定影响
$distK_k \times Q_t^1$	−0.02*** (−4.68)	−0.02*** (−6.04)	−0.01*** (−2.61)	−0.02*** (−5.22)	−0.01*** (−2.68)	−0.02*** (−5.17)	0.009* (−1.72)	−0.03*** (−5.54)
$distL_k \times Q_t^2$	−0.05*** (−4.06)	−0.29*** (−4.66)	−0.04*** (−4.16)	−0.33*** (−4.66)	−0.05*** (−4.11)	−0.34*** (−4.78)	−0.04*** (−4.09)	−0.32*** (−4.03)
$\ln FDI_{kt}$	0.030 (0.707)	−0.005 (−0.41)	0.272*** (5.212)	0.038** (2.028)	0.271*** (5.108)	0.035* (1.891)	0.326*** (5.482)	0.030 (1.283)
HE_{kt}			−51.5*** (−7.36)	−11.2*** (−4.36)	−51.1*** (−7.06)	−12.2*** (−4.66)	−36.8*** (−3.42)	−15.8*** (−4.52)
RE_{kt}					0.023 (0.040)	0.230 (1.252)	0.369 (0.599)	0.248 (1.220)
$\ln GDP_{kt}$							−0.21* (−1.88)	0.048 (1.110)
F 统计量	8.6203	129.867	15.9834	128.285	12.695	126.202	11.133	118.750
Prob （F-statistic）	0.0000	0.0000	0.0000	0.0000	0.0000	0.0000	0.0000	0.0000
Hauseman 检验	141.887		117.112		116.012		117.832	
Prob （Hauseman）	0.0000		0.0000		0.0000		0.0000	
Adjusted R^2	0.0710	0.9324	0.1670	0.9335	0.1636	0.9344	0.1690	0.9324
样本组数	30	30	30	30	30	30	30	30
样本总数	300	300	300	300	300	300	300	300

以上实证结果表明：

第一，致力于减轻要素价格负向扭曲的制度变量越是充裕，越容易削弱制造业的出口优势。这一点在全部要素、资本要素和劳动力要素中均表现为显著，而且，这种负向作用在要素价格负向扭曲较为严重的地区更加明显。这一现象可以解释为，一个地区的要素价格负向扭曲越严重，越依赖于这种制度路径，形成"路径依赖"，该地区的比较优势的培育和提升也往往建立在对各种生产要素廉价利用的基础上；金融市场化和劳动者权益保护是纠正这种要素价格负向扭曲的直接制度因素，但二者的增强在短期内不利于出口优势的提升，这是因为纠正扭曲的过程会造成市场的额外成本（包括测度成本、预见成本等），给企业带来隐性负担，对其出口意愿和价格优势造成负面影响，而且要素价格扭曲越严重的地区纠正成本越高，越不利于出口优势的提升。

第二，控制变量中人力资本因素并未对区域比较优势的提升做出应有的贡献，甚至为负向作用。这一点同第四章的结论相符。人力资本开发不足，劳动者素质提高对于出口和经济增长的贡献有待进一步提高，发挥人才优势、挖掘人才潜力，是未来转变外贸发展方式的一个重要突破口。

第三，控制变量中自然资源因素对区域比较优势的作用尽管为正，但不显著。这一点同第四章的结论不同，这可能跟本章的数据选取有关。也就是在金融危机下，矿产品的世界市场价格出现较大波动，进而我国的能源等产业格局发生了较大变动（具体机制在未来的研究中进一步探讨）。另外，地区经济发展阶段对区域比较优势的影响显著为正，但该变量作为控制变量的加入，并未引起主要解释变量的系数和显著性的变化。这一点同第四章的结论也不符。

第五节
本章小结

　　本章关注的是市场层面的制度对制造业比较优势的影响。本章认为，要素价格扭曲将造成经济系统偏离帕累托最优状态，把生产要素的一部分价值暴露于公共领域，成为机会主义者攫取剩余权利的对象，从而对市场主体产生不正常的激励，对一国的外贸发展也会造成影响。致力于规制这种要素价格扭曲的制度变量，能够在纠正这种扭曲带来的错误激励、降低交易成本的同时，还可能会引致新的交易成本，如测度成本等。这是因为对生产要素的真实价值进行测度需要一定的直接成本，并且这种纠正措施意味着路径转换，而路径转换意味着利益的重新分配，从而需要一定的机会成本。市场通过对各种形式的交易成本进行权衡，最终达到均衡点。而市场均衡点的差异对外向型企业来说更加敏感，因而其会影响到一国（地区）的比较优势。

　　本章在第二节首先假定不存在要素价格扭曲及其纠正措施，构建了一个"2×2×2"的基准模型，通过假设和数理推导分析了一国在封闭经济条件下、自由贸易条件下的均衡状态，以及要素价格的自然变动趋势。沿着基准模型的这一思路，本章从理论上探究了存在要素价格负向扭曲的情形下，比较优势的变动规律，发现若一国在充裕型要素上的负向扭曲比在稀缺型要素上的负向扭曲更严重，则会延续甚至扩大原有优势，不利于新优势的培育。将支持要素所有者的制度变量引入模型，最后得出这一制度变量对地区比较优势的作用力会受到该地区要素价格扭曲程度的影响的重要推论。

　　本章在第三节对中国的要素价格扭曲（资本要素、劳动力要素和全部要素）进行了测度，主要借鉴了现有文献的 C-D 函数估计法和应得—实际报酬比较法。在第三节中最终得出了中国 2001~2011 年的要素价格扭曲指数（$distK_t$、$distL_t$ 和 $distT_t$）和各地区的要素价格扭曲指数（$distK_k$、$distL_k$ 和 $distT_k$），发现中国的要素价格在全部年份和全部地区中均为负向扭曲。这为本章的实证分析打下了量化基础。

　　在理论分析和对重要变量测度、比较的基础上，本章在第四节利用 2001~2011 年中国 30 个省、市、自治区的相关数据，对市场层面的制度与比较优势之间的关系进行了实证检验。首先在初步经验观察中分析了要素价格扭曲指数作为市场层面的制度变量的弹性的合理性，也就是通过测算市场层面的制度与地区比较优势的 Spearman 相关系数，并将系数的显著性和绝对值与地区要素价格扭曲进行对照，证明了要素价格扭曲指数越高，支持要素所有者的制度变量对比较优势的负向作用越明显。进而，本章通过面板数据回归，对市场层面的制度与要素价格扭曲的交叉项同区域比较优势的关系进行了实证检验，并获得较为可靠的回归结果。回归结果显示：致力于纠正要素价格负向扭曲的制度变量越充裕，就越容易削弱制造业的出口优势，而要素价格负向扭曲加剧了这种削弱关系。这意味着，我国的制造业比较优势长期以来建立在对资本和劳动力要素的廉价利用上，并且形成了一定的路径依赖，而支持要素所有者的制度能够降低要素价格扭曲及错误激励带来的交易成本以外，还带来了更高的测度成本和机会成本，因而对制造业生产效率和出口能力造成的影响为负。这一方面反映了我国要素价格扭曲的严重性，以及制造业出口对这种负向扭曲的依赖；另一方面也反映了我国规制要素价格扭曲的制度安排还不够合理，其政策措施还不足以实现以最低的测度成本来降低要素价格扭曲造成的效率损耗。

本章在实证中的不足是，未能以分行业的面板数据验证优势行业和非优势行业在面对要素价格扭曲及其规制措施时的反应。因为要素价格扭曲在长期中对比较优势的效应必然为负，但在短期中未必一定有害。在其他条件不变的前提下，具体应按照本章的命题5.2推断影响的方向。受数据可得性等多因素制约，本章的实证分析部分未能将这一命题进行有效的经验证明。这将是未来研究的重要方向之一。

尽管本章的实证存在缺憾，但其结论的政策含义仍具有一定的参考意义。本章的结论同很多运用其他分析方法的文献是不谋而合的。那就是：以低价来使用、消耗国内的人力资本和社会财富的制造业发展模式，是中国制造业出口奇迹的重要推动力。这种发展模式存在着巨大的惯性，任何试图改变它的改革措施和制度安排甚至法律行为，都有可能损害到中国当前的贸易利益。由此可以推断，试图理顺生产要素价格形成机制、改革要素市场的政策思路和措施，往往因顾及对外贸易规模可能会发生明显波动，而显得犹豫甚至步履维艰。要素市场改革步伐的延滞，将不利于新的比较优势和外贸增长点的形成，在面临世界制造业格局变动和人口结构转折的时候，我国制造业的相对不景气便在所难免。

按照兼顾短期利益和长远利益的原则，我国的要素市场改革既要尽量避免引发外贸出口的剧烈波动，又要着力使要素价格机制焕发出对市场主体合理而强大的激励，也就是使要素市场自行朝着有助于外贸收益最大化的方向运行。

第一，要简化市场的微观主体（企业）购买、投入、使用所需生产要素的环节，降低其在这一系列过程中的相关费用负担，比如进一步优化商业银行对企业的信用评级制度，在控制银行风险的同时缩短贷款周期。

第二，应进一步打破投资领域的地方保护，真正形成全国统一的直接投资市场，继续支持我国省域间或省域内的产业梯度转移及制造业外包合作。

第三，应加强和改进政府为企业或个人提供商务信息的服务内容和形式，鼓励和引导相关咨询服务公司的发展，为投资商在全国乃至全球范围内寻找商机做出最大限度的支持。

第四，以城镇化为契机，推动进城务工人员向产业工人的职业转化、生活转化和心理转化，鼓励就地转化，支持和鼓励任何合法的劳方维权行为。

第五，提高外商投资质量，疏通、扩大其技术和知识溢出的渠道，避免由于地方竞争造成的非理性优惠政策，并鼓励小微企业发展，改变金融系统和政府部门对不同类型企业的隐性歧视。

第六，兼顾要素价格扭曲的地区差异，比如有的地区主要是由于生产率较高造成的相对扭曲，有的地区主要是由于生产率和实际报酬"双低"造成的绝对扭曲，因此应注重货币政策等制度安排的弹性。

第六章

国家层面的制度对中国制造业比较优势的影响

第一节
引　言

国家是指经济上占据统治地位的阶级进行阶级统治的工具，其根本属性为阶级性。国家成长于社会之中而又凌驾于社会之上，以暴力与合法性为基础，是法律的颁布者、政策的制定者和制度的设计者，并依靠国家机器的运转来推行法律、政策及制度安排。马克思主义国家理论与以诺思为代表的新制度经济学国家理论，是对国家的起源、本质、特征、职能等进行分析的两大经典流派。二者既有联系，又存在重大区别。其中，马克思主义国家理论更加具有本质性、科学性和动态发展性，而新制度经济学的国家理论尽管存在一定的局限性甚至谬误，但其分析视角是从对经济现象的观察总结中展开的，易于同其他概念相联系，在现代经济分析中相对更具有应用优势。

本章的研究主题为国家层面的制度对比较优势的影响。相关企业组成横向或纵向的利益集团，并争相向政府尤其是中央政府寻租，企图获得政策支持及其他优质公共产品带来的经济

"租"，本章将它们在寻租过程中所依托的制度环境定义为国家层面的制度。因此，从理论渊源上来说，本章的研究更多地借鉴了新制度经济学的国家理论。逻辑思路大致为：国家层面的制度安排能够影响利益集团的规模与结构，进而影响全社会的公共产品分配及效率增进，最终波及企业对生产成本和隐性成本的控制状况及其出口意愿与能力。

上文所说新制度经济学国家理论以诺思的研究为代表，但只能说诺思的思想最具代表性，是新制度经济学国家理论的分析源头，其与其他很多知名的文献共同构成了新制度经济学国家理论的丰富体系。一般认为，新制度经济学国家理论分为微观、中观和宏观三个层次。其中，微观层次分析的是个体权力与国家的关系，即国家行为如何提供有效的产权结构及对产权的保护；中观层次分析的是集体行动与国家的关系，即利益集团对国家制度安排的影响（奥尔森）和国家如何平衡利益集团间的关系（拉丰和梯若尔）；宏观层次分析的是法治化与国家的关系，即如何通过建立非人格化的立法和执法机构来降低全社会的交易成本。朱巧玲等（2006）认为"掠夺之手"以及对其的限制可以作为新制度经济学国家理论的分析框架，而且尽管奥尔森（Olson）的理论仅是中观层次的，但新制度经济学国家理论的大部分研究对象都可以由其解释。本章重点吸收了 Olson 关于利益集团的集体行动影响国家对公共产品进行分配的思想。

Olson（1965，1982）把集体利益区分为两种，一是相容性的（Inclusive），二是排他性的（Exclusive），对应的有相容性集团与排他性集团，相容性集团更有可能实现集体的共同利益，因而也被称作"利益集团"。Olson 还认为，个人理性并非实现集体理性的充分条件，集体行动的形成主要取决于两个重要条件，一是集团的成员数目足够少，二是存在着某种迫使或诱使其成员为谋取集体利益而努力的激励机制（即"选择性刺激"）。Olson 指出，利益集团谋取自身福利的活动不可避免地会损害经济增长，因而对这些利益集团有利的制度选择，但对整个经济体来说很可能是低效率的。另外，Olson 还分析到，利益集团具有双重目标，一方面是利润的最大化（即"寻利"），另一方面是租金的最大化（即"寻租"）。本章认为，制度或政策的变动给利益集团带来的利润增加也属于一种经济租，由企业或个人（主要是企业）构成的利益集团向政治家和官僚的游说或资助行为，均属于寻租，公共选择领域的寻利和寻租并没有太明显的区别。Olson 进一步认为，国家的政策决策者是理性的，一般会追求支持率或受资助数额的最大化，因此会在政策制定过程中对有影响力的利益集团加以照顾，或者"避免冒犯有影响的选民"，从而会严重扭曲市场机制在资源配置中的有效性。

很多研究国家理论的文献认为，国家最主要的职能是提供公共产品和分配公共产品。这里的公共产品包括有形公共产品和无形公共产品，而最主要的无形公共产品是"非中立性的制度安排"。这种非中立性的制度会给个别市场主体带来额外收益，在新制度经济学语境下，这种额外收益就是"剩余权利"。企业为了谋取某一项剩余权利，主要通过采取以下行为实现——行贿、游说、支持承诺、公开资助、扩大生产规模、联合、舆论宣传等。这些行为均有助于满足政策决策者的利益需求，其中最主要的行为是扩大规模和外部联合，从而寻租行为与利益集团的成长是相辅相成的。换句话说，寻租越频繁而无节制，垄断就越容易出现和进一步发展，而垄断是市场失灵的主要来源之一，会造成交易成本的增加。另外，政治家和官僚机构通过给予利益集团政策照顾，同利益集团分享剩余权利，甚至通过设租或创租来诱使利益集团实施寻租，这是对国民财富的不正当再分配，也就是新制度经济学家所说的"掠夺之手"。

如前文所述，一切制度的本质都是对交易成本的节约，为实现这一目的，制度需要对产权加以界定，并对产权的变动负责。因此，一个成功的国家体系及制度设计应该是以限制利益集团的寻租行为、规避其带来的效率损耗和交易成本为目的的。寻租可分为合法寻租和非法寻租。对于非法的寻租过程，比如行贿和渎职腐败，主要是通过惩治权力腐败规制的；对于合法的寻租，也就是说企业间并没有正式或非正式价格串谋，是通过合法途径向政府或立法机构争取有利政策，所运用的游说和资助手段在很多民主国家是合法的，即使这样，从国家角度看，也应通过一定途径对这种合法寻租加以节制，而最惯用的办法就是反垄断。此处的反垄断是广义上的垄断，除了通过价格手段进行的市场垄断以外，还包括非市场领域的垄断，比如孙早等（2012）提出的中国的财政分权和地方竞争导致的政企之间的"紧密型联盟"。

致力于规制寻租行为的制度安排能够节约由市场扭曲带来的交易成本的同时，还会带来另外一种交易成本，即反垄断成本和反腐败成本（统称为"治理成本"）。理性的政策制定者也会考虑到这一成本的存在。如果治理成本为零，则不会出现如此明显的"路径依赖"了。因此，一个国家或地区中寻租行为必然存在，寻租带来的交易成本必然大于零，而均衡点是由多方利益调和的结果，也就是两个方向的交易成本在政治市场上博弈的结果[①]。

---

① "政治市场"的概念来源于 Moe（1990）所说的"政治产权"。政治产权是民主政治中各党派为赢得竞争而掌握的公共权力的组合，而政客或党派用政治产权换取选票的虚拟交易市场就是政治市场。

　　一国公共选择领域的多方竞争与博弈同对外贸易的关系已经引起了研究者的关注。Magee 等（1989）提出了政党竞争对于贸易保护政策形成的作用的正式模型（"MBY"模型），即各利益集团在对政党资助之前就表明自身对贸易政策的偏好，并根据预期收益决定资助数量，而政党根据选票多寡来决定所提供的关税水平。Grossman 等（1994）的"保护代售模型"（Model of Protection for Sale）是目前研究贸易政策的政治经济学最主流的理论。该文献提出，游说集团代表产业利益，向当权政治家提供政治资助，并将预期捐献与当权者选择的贸易政策联系起来，当权政治家追求的是连任的可能性，他们通过选择关税和补贴等政策向量的均衡点，以实现社会总福利和受资助金额的最大化。而对游说集团的照顾可能会引起对普通选民的疏远，政治家在利益集团与普通选民之间平衡的权重，往往是被政治家刻意隐藏的，因此可以说政治家将自身对资助的兴趣做出了"保护代售"。该文献认为，贸易政策的均衡点反映了产业的进口需求弹性和出口供给弹性，同时也反映了不同利益集团在国家政治经济中的影响力。另外，Grossman 等（1995）还用同样的假设研究了国内利益集团的游说和资助对于政府参与贸易战和贸易谈判的影响机制。尹翔硕等（2007）在分析国际贸易摩擦的原因时，认为主要是由于利益集团和企业的政治经济行为引发的政府保护动机。

　　以上文献大部分将国内利益集团同政府博弈的均衡结果与贸易政策相联系，能够对各国间贸易关系及其变动进行有力解释。但是，这一范式将关注点放在了政治市场中博弈过程及结果对贸易政策的影响，而未考虑到国家作为公平与效率的维护者对这种寻租博弈的规制，以及由此产生的制度设计。而且，这种政治市场中的博弈往往是隐蔽的，难以用经验数据进行量化研究。因此，探究利益集团寻租同对外贸易之间的关系，应从寻租行为所依托的制度环境入手，也就是国家层面上对垄断和权力腐败的规制力度，而这一规制力度是政治市场主体在各类交易成本之间调和的均衡解。

另外，大部分研究是以西方国家为参照的，中国的政治模式同西方代议制民主有着很大的区别。在经济学意义上，中国存在一定的利益集团，但一般纵向上的行业团体很难对国家政治经济产生太大的影响。而现行体制下地方政府面临着财政和晋升的双重激励，且掌握着大量的经济资源和自由裁量权（孙早等，2012），更容易实现地区性的政企联盟向中央政府寻租。

Li 等（2005）、周黎安（2007）、张军等（2007）所开创和发展的晋升激励理论是研究中国政治模式对经济影响的重要工具。后来的研究者运用这一范式分析了经济增长及周期问题（刘瑞明等，2007；徐现祥等，2010）、土地出让问题（梁若冰，2010；张莉等，2011；李冀等，2012）、产业结构问题（王燕武等，2009）、公共支出问题（马光荣等，2010；林江等，2011）等，只有少量文献将这一理论同对外贸易相联系，还有少量文献研究了财政分权对于地区对外贸易的影响，如沈能等（2006）研究了财政分权下金融深化与地区外贸发展的关系，许煜等（2007）研究了财政分权对贸易顺差的影响，林春山（2011）研究了地方竞争与出口增长、政治改革与外贸转型的关系。

本章综合借鉴现有的国内外文献，并结合中国实际，提出利益集团在寻租过程中所依托的制度环境对制造业比较优势产生影响的理论机理，其中制度环境包括寻租带来的低效率与治理成本两个方向的变量。注重对中国的利益集团寻租的特殊性加以考虑，即主要以区域性的利益集团为单位①，进而运用中国经验数据对理论假设进行实证检验，得出相关的结论及建议。

第二节
理论分析

一、基准模型

本章试图通过构建一个中央—地方的博弈模型，以说明在各种条件下，全国范围的外贸比较优势变动规律。在基准模型中，需要重点分析的是中央政府和地方政府各自的可控变量、利益目标及博弈过程。

（一）地方政府的收益函数

对于地方政府来说，第一个目标便是追求可支配收入的最大化，即财政激励。可支配收入主要来自两个方面——预算内收入和预算外收入。预算内收入主要受制于中央从全国范围所设计的财政分权或税种划分。财政分权是指让地方财政拥有更大的可支配收入，通过提高地方政府的预算内收入，使其有更大的自主权，并使地方政府的财权与事权相对称。税种划分是在财政收入的最基础税源（如企业所得税）的分配中，给予地方政府更大或更小的分配比例。如果财政分权和税种划分向地方政府倾斜，则有利于地方财政获得更多的预算内收入；反之，则使地方政府的预算内收入缩减，促进了其通过其他手段获得预算外收入的动力。

---

① 如上文所述，中国的利益集团是经济学意义上的利益集团。

　　预算外收入主要来源于地方政府的竞争努力，包括出卖土地、向本区域企业集团提供政策优惠等，甚至个别官员收受贿赂。地方政府在地方竞争时，会想办法满足本地区企业集团的寻租需求，并与之共享经济租，将自身的自由裁量权发挥到最大，甚至与本地企业形成政企联盟向中央政府寻租，以期取得更高的预算外收入，保证政府购买不会有大的波动。一般而言，财政分权和税种划分带给地方政府的预算内收入越少，越容易产生地方竞争。当然有可能的情况是——即使中央在制度设计中给予了地方一定倾斜（即财政分权有所加强），但地方政府出于晋升激励等目的也有可能设法提高预算外收入。

　　地方政府的第二个目标为本地经济增长。中国的地方政府普遍追求 GDP，一方面是中国的官员绩效考核设计使然，另一方面较高的经济增长有利于缓解就业压力等问题。按照支出法衡量，GDP 包括消费、投资、净出口和政府购买四个方面。对一个地方来说，预算外收入越高，则投资和净出口越多，消费越低；反之，则投资和净出口越少，消费越高。而政府购买是预算内外支出共同负担，而且政府间转移支付制约了其波动范围，因此地方政府的预算外收入对其影响不大。

　　地方政府的第三个目标为维持本地物价和房价平稳。在中国宏观经济不断经受通胀压力的考验下，控制人民生活成本、满足低收入者对住房的刚性需求成为经济管理者的一项主动性任务。中央对地方官员政绩考察的一项指标是对防通胀等宏观经济目标的完成情况。在本理论模型下，物价和房价主要同本地政府的预算外收入有关——地方政府预算外收入越高，说明企业寻租行为越容易得到地方政府的允许和支持，"投资热"会更明显，土地价格会有所提升，进而推动物价的上涨。因而，可以将地方政府的收益函数写为：

$$\pi_2 = \beta_0 \times INC(BUD，EXT) + \beta_1 \times Y(C，I，NE，G) -$$
$$\beta_2 \times P(P_1，P_2)$$

式中，INC(BUD，EXT)为地方政府的财政收入，BUD为预算内收入，EXT为预算外收入，C、I、NE、G分别表示一个地方的消费、投资、净出口和政府购买，P_1和P_2分别表示消费品价格和房产价格，β_0、β_1、β_2均大于零。

（二）中央政府的收益函数

对于中央政府来说，其主要追求两个方向上的宏观经济管理绩效，一个是维持整体经济增长，另一个是合理控制物价和资产价格，满足民生需求。财政收入其实不是中央政府追求的重点，中央政府调整财政分权和税种划分的目的并不是为了所谓的"加强集权"，而是基于多方因素考虑，其中主要是经济增长和民生保障。假定各地区为同质的，那么可以将中央政府的收益函数写为：

$$\pi_1 = \alpha_1 \times \sum Y(C，I，NE，G) - \alpha_2 \times P(P_1，P_2) = \alpha_1 \times N \times$$
$$Y(C，I，NE，G) - \alpha_2 \times P(P_1，P_2)$$

式中，N为全国所包含的地区数目，α_1、α_2均大于零。

（三）中央—地方博弈的基准情形

基于中央政府和地方政府的收益函数，可以认为当中央倾向于财政分权时，会使地方预算内收入增加，反之，会使地方预算内收入减少；当地方政府有更强的动力去帮助利益集团实现寻租时，会使地方预算外收入增加，反之，会使地方预算外收入减少。进而，对上述收益函数做出以下假设：

（1）当中央政府分权时，地方预算内收入赋值为3；当中央政府没有分权时，地方预算内收入赋值为1。

（2）当地方政府支持寻租时，地方预算外收入赋值为3，同时当地消费赋值为1，投资赋值为3，净出口赋值为3，政府购买赋值为 3，物价赋值为 3，房价赋值为 3；当地方政府不支持寻租时，地方预算外收入赋值为 1，同时当地消费赋值为 3，投资赋值为 1，净出口赋值为 1，政府购买赋值为 3，物价赋值为 1，房价赋值为 1。

（3）假定 $\alpha_1 = \beta_1 = \frac{1}{2}$，$\alpha_2 = \beta_2 = \frac{1}{2}$，即中央政府和地方政府对经济增长和控制物价的偏好是相同的。

（4）假定 $\beta_0 = \frac{1}{2}$。

（5）为了简便，假定地方财政收入、生产总值、价格的函数形式均为线性的，且内部变量系数为 1，即 $INC(BUD, EXT) = BUD + EXT$，$Y(C, I, NE, G) = C + I + NE + G$，$P(P_1, P_2) = P_1 + P_2$。

（6）假定全国共包含四个同质性地区。

基于以上赋值及假设，可以得出以下四种情况。

第一种情况：当中央选择分权、地方选择支持寻租时，中央政府的收益为 $\pi_1 = \frac{1}{2} \times 4 \times (1 + 3 + 3 + 3) - \frac{1}{2} \times (3 + 3) = 17$；地方政府的收益为 $\pi_2 = \frac{1}{2} \times (3 + 3) + \frac{1}{2} \times (1 + 3 + 3 + 3) - \frac{1}{2} \times (3 + 3) = 5$。

第二种情况：当中央选择分权、地方选择不支持寻租时，中央政府的收益为 $\pi_1 = \frac{1}{2} \times 4 \times (3 + 1 + 1 + 3) - \frac{1}{2} \times (1 + 1) = 15$；地方政府的收益为 $\pi_2 = \frac{1}{2} \times (3 + 1) + \frac{1}{2} \times (3 + 1 + 1 + 3) - \frac{1}{2} \times (1 + 1) = 5$。

第三种情况：当中央选择不分权、地方选择支持寻租时，中央政府的收益为 $\pi_1 = \frac{1}{2} \times 4 \times (1 + 3 + 3 + 3) - \frac{1}{2} \times (3 + 3) = 17$；地方政府的收益为 $\pi_2 = \frac{1}{2} \times (1 + 3) + \frac{1}{2} \times (1 + 3 + 3 + 3) - \frac{1}{2} \times (3 + 3) = 4$。

第四种情况：当中央选择不分权、地方选择不支持寻租时，中央政府的收益为 $\pi_1 = \frac{1}{2} \times 4 \times (3 + 1 + 1 + 3) - \frac{1}{2} \times (1 + 1) = 15$；地方政府的收益为 $\pi_2 = \frac{1}{2} \times (1 + 1) + \frac{1}{2} \times (3 + 1 + 1 + 3) - \frac{1}{2} \times (1 + 1) = 4$。

进而，可以构建中央与地方博弈的博弈矩阵，如表 6-1 所示。按照博弈顺序，中央政府先做出是否财政分权决定，地方政府继而根据自身收益做出决定。从表 6-1 可看出，无论中央政府选择分权还是不分权，地方政府都采取无所谓的态度。这是因为当中央政府选定之后，地方政府不管是选择支持寻租还是不支持，其收益都为 5 或 4。

表 6-1　博弈结果（一）

		地方政府	
		支持寻租	不支持寻租
中央政府	分权	(17, 5)	(15, 5)
	不分权	(17, 4)	(15, 4)

进一步，考虑将第三条假设放宽，即 $\alpha_2 = \beta_2 = \frac{1}{2}$ 不再成立，而是 $\alpha_2 > \beta_2$，即中央政府对价格稳定的偏好强于地方政府，这也是符合现实状况的。现将 α_2 赋值为 $\frac{3}{4}$，将 β_2 赋值为 $\frac{1}{4}$，其他赋值和假定不变，则博弈结果如表 6-2 所示。此时，当中央政府做出选择后，无论是否财政分权，地方政府都会选择支持寻租行为，因为这会使它的收益更高。而且，地方政府选择支持寻租，也会给中央政府带来更大的收益。

根据以上分析，可以得出命题 6.1 和推论 6.1。

命题 6.1：当地方政府对物价和资产价格上涨的敏感度低于

表 6-2　博弈结果（二）

		地方政府	
		支持寻租	不支持寻租
中央政府	分权	(15.5，6.5)	(14.5，5.5)
	不分权	(15.5，5.5)	(14.5，4.5)

中央政府时，地方政府会倾向于支持利益集团的寻租行为。

推论 6.1：国家若想规制寻租行为，可以通过提高地方官员对于控制物价和资产价格的偏好的途径，但是在不考虑其他因素的情况下，中央政府往往会容忍这种寻租行为。

二、拓展情形

以上在基准模型中的分析没有考虑各地方中存在的垄断势力和腐败行为，下面需要考虑存在地方垄断和腐败时的博弈过程及结果，并分析净出口增加带来的效益。

（一）存在垄断时的情形

一般而言，由于垄断势力的存在，相比不考虑垄断时，地方政府支持寻租行为的选择对投资、净出口和价格的提升作用更加显著，对消费的抑制作用也更加显著。现在需要改变基准模型的第二条假设。当地方政府不支持寻租时，原有赋值不变；当地方政府支持寻租时，地方预算外收入赋值为 4，同时当地消费赋值为 0.5，投资赋值为 4，净出口赋值为 4，政府购买赋值为 3，物价赋值为 4，房价赋值为 4。同时，继续沿用中央政府对控制价格的偏好强于地方政府，即 $\alpha_2 = \frac{3}{4} > \beta_2 = \frac{1}{4}$ 的假定，则可以得出以下四种情况。

第一种情况：当中央选择分权、地方选择支持寻租时，中央政府的收益为 $\pi_1 = \frac{1}{2} \times 4 \times (0.5 + 4 + 4 + 3) - \frac{3}{4} \times (4 + 4) = 17$；地方政

府的收益为 $\pi_2 = \frac{1}{2} \times (3+4) + \frac{1}{2} \times (0.5+4+4+3) - \frac{1}{4} \times (4+4) = 7.25$。

第二种情况：当中央选择分权、地方选择不支持寻租时，中央政府的收益为 $\pi_1 = \frac{1}{2} \times 4 \times (3+1+1+3) - \frac{3}{4} \times (1+1) = 14.5$；地方政府的收益为 $\pi_2 = \frac{1}{2} \times (3+1) + \frac{1}{2} \times (3+1+1+3) - \frac{1}{4} \times (1+1) = 5.5$。

第三种情况：当中央选择不分权、地方选择支持寻租时，中央政府的收益为 $\pi_1 = \frac{1}{2} \times 4 \times (0.5+4+4+3) - \frac{3}{4} \times (4+4) = 17$；地方政府的收益为 $\pi_2 = \frac{1}{2} \times (1+4) + \frac{1}{2} \times (0.5+4+4+3) - \frac{1}{4} \times (4+4) = 6.25$。

第四种情况：当中央选择不分权、地方选择不支持寻租时，中央政府的收益为 $\pi_1 = \frac{1}{2} \times 4 \times (3+1+1+3) - \frac{3}{4} \times (1+1) = 14.5$；地方政府的收益为 $\pi_2 = \frac{1}{2} \times (1+1) + \frac{1}{2} \times (3+1+1+3) - \frac{1}{4} \times (1+1) = 4.5$。

归纳以上四种情况，可以构建博弈矩阵，如表6-3所示。同表6-2相比，在中央政府做出选择之后，对地方政府来说的最优选择仍是支持寻租，而且这种寻租动力有所增强，因为支持寻租与不支持寻租之间的利差更大了。同不考虑垄断的情况相比，地方政府支持寻租的选择会使中央政府的收益更高。

表 6-3 博弈结果（三）

		地方政府	
		支持寻租	不支持寻租
中央政府	分权	(17, 7.25)	(14.5, 5.5)
	不分权	(17, 6.75)	(14.5, 4.5)

根据以上分析，可以得出命题6.2和推论6.2。

命题 6.2：相比不存在地方市场垄断的情形，当存在地方市场垄断势力时，地方政府支持利益集团寻租行为的动机会有所增强。

推论6.2：国家若想规制寻租行为，可以通过降低地方垄断程度的途径，但在不考虑其他因素的情况下，中央政府往往会容忍这种寻租行为。

但是，如果中央政府基于其他方面的考虑，认为需要重点满足民生，保障公平，则中央政府会努力提高自身及地方政府对控制价格的偏好程度。当中央政府通过转变政绩观，实现政府职能转型时，可能会大幅提高 α_2 和 β_2 的值，将前者赋值为1.5，将后者赋值为1，则模型结果（三）将变为如下结果，如表6-4所示。可见，此时在中央政府已做出选择时，对地方政府来说的最优选择是不支持寻租。而且，如果出现偶然的寻租行为，中央政府也有更强的动力来加以规制。

表6-4　博弈结果（四）

		地方政府	
		支持寻租	不支持寻租
中央政府	分权	(11, 1.25)	(13, 4)
	不分权	(11, 0.25)	(13, 3)

根据以上分析，可以得出命题6.3和推论6.3。

命题6.3：若国家通过改革使中央政府和地方政府对控制价格的偏好大幅提高，则地方政府会倾向于不支持利益集团的寻租行为。

推论6.3：在中央政府和地方政府对控制价格的偏好大幅提高的情况下，即使偶尔的寻租行为，中央政府也不能容忍，有更大的动力去加以规制。

（二）存在腐败时的情形

当地方官员的腐败行为比较普遍时，地方政府官员的行为带有更大的个人目的，在未实现地方政府整体效益提高的同时，其个人需求也能够满足。这种模式的寻租，便使地方财政的预算外收入、投资和净出口未能实现预想的提高，且消费会同等受损，物价也会同等上扬。在此情况下，当地方政府不支持寻租时，原有赋值不变；当地方政府支持寻租时，地方预算外收入赋值为 2，同时当地消费赋值为 1，投资赋值为 2，净出口赋值为 2，政府购买赋值为 3，物价赋值为 3，房价赋值为 3。根据新的赋值，沿用 $\alpha_2 = \dfrac{3}{4} > \beta_2 = \dfrac{1}{4}$ 的假定，可以得出博弈结果（五），如表 6-5 所示。从表中可以看出，当地方官员的腐败行为较为普遍时，对地方政府的整体利益来说，地方政府在中央政府已选定的情况下，最优选择是不支持寻租行为。但是，若地方行政权力过于集中，个别官员出于个人非法经济利益考虑而贪污受贿，即使支持寻租行为会违背地方政府的集体利益，但官员代表地方政府也可能会做出支持寻租行为的决定。在这种寻租行为出现时，中央政府会出于自身利益考虑而严厉制止这种寻租行为，并打击腐败。

表 6-5　博弈结果（五）

		地方政府	
		支持寻租	不支持寻租
中央政府	分权	(10, 4.5)	(14.5, 5.5)
	不分权	(10, 3.5)	(14.5, 4.5)

根据以上分析，可以得出命题 6.4 和推论 6.4。

命题 6.4： 相比不存在腐败行为的情形，若地方官员的腐败行为较为普遍，则即使不改变政府对控制价格的偏好，也会导致地方政府的最优选择为不支持寻租。

推论 6.4： 如果地方政府支持寻租行为，且这种决定是建立在个人腐败利益之上的，则中央政府将有足够的动力来规制寻租并打击腐败。

（三）同时存在垄断和腐败时的情形

以上两种情形考察的是分别存在地方性的垄断和腐败时，中央—地方博弈的过程和结果。如果同时存在垄断和腐败，并追加地方政府购买为可波动的假设，即财政转移支付的力度有所减弱，地方政府购买可随着本地预算内外收入的增减而波动，那么可以将各变量重新赋值如下：

（1）当中央分权、地方支持寻租时，地方预算内收入赋值为3，地方预算外收入赋值为3，当地消费赋值为0.5，投资赋值为2，净出口赋值为2，政府购买赋值为5，物价赋值为4，房价赋值为4。

（2）当中央分权、地方不支持寻租时，地方预算内收入赋值为3，地方预算外收入赋值为1，当地消费赋值为3，投资赋值为1，净出口赋值为1，政府购买赋值为4，物价赋值为1，房价赋值为1。

（3）当中央不分权、地方支持寻租时，地方预算内收入赋值为1，地方预算外收入赋值为3，当地消费赋值为0.5，投资赋值为2，净出口赋值为2，政府购买赋值为4，物价赋值为4，房价赋值为4。

（4）当中央不分权、地方不支持寻租时，地方预算内收入赋值为1，地方预算外收入赋值为1，当地消费赋值为3，投资赋值为1，净出口赋值为1，政府购买赋值为3，物价赋值为1，房价赋值为1。

同时，沿用 $\alpha_2 = \frac{3}{4} > \beta_2 = \frac{1}{4}$ 的假定，可以根据中央和地方的收益函数得出以下博弈结果，如表6-6所示。从该结果中可以看出，当中央政府已选定的情况下，无论分权或不分权，地方政府都将选择不支持寻租。中央政府选择分权和不分权，会给其带来不同的收益，选择分权会给其带来更高的收益，一般情况下中央政府会选择分权。但是，中央政府如果考虑到，由于中央的分权地方官员可能会出于其他动机而选择支持寻租，这时会使中央的收益低于不分权和不支持寻租下的中央的收益，则也不排除中央政府做出不分权的选择。

表 6-6　博弈结果（六）

		地方政府	
		支持寻租	不支持寻租
中央政府	分权	(13, 5.75)	(16.5, 6)
	不分权	(11, 4.25)	(14.5, 4.5)

根据以上分析，可以得出命题 6.5 和推论 6.5。

命题 6.5：在同时存在垄断和腐败行为时，如果降低中央转移支付的力度，则会使中央更加倾向于财政分权，地方政府更加倾向于不支持寻租。

推论 6.5：当地方政府支持寻租行为时，若这种决定是建立在个人腐败利益之上的，则中央政府将有足够的动力来规制寻租并打击腐败；若地方政府的这种决定是建立在分权所带来的经济资源之上的，中央政府将会考虑减少财政分权。

（四）考虑多种代价的净出口增长

无论何种情形，当地方政府支持寻租行为时，便会导致净出口的增长。但这不意味着寻租行为就一定有利于贸易比较优势的提高，因为净出口增长的同时会导致国内消费受到抑制、国内价格水平提高，有可能损害对外贸易的实际收益。当期的贸易实际所得决定着长期中比较优势提升，因为如果贸易实际所得受损，会影响产业的健康发展和交易效率以及国内消费者的购买力，进而将使国内市场对新产品的市场发现效应发挥不足。

现将不同情形下的中央—地方博弈模型的最优结果中的净出口同其社会成本加以比较，如表6-7所示。其中，实际收益为净出口所得减去社会成本的结果。通过比较博弈（一）和博弈（二）中的结果，可以发现当拉大中央和地方对控制价格的偏好度时，中央—地方的博弈结果将使净出口增长的社会成本增加，从而降低了贸易实际所得；通过比较博弈（二）和博弈（三）中的结果，可以发现当存在地方市场垄断时，中央—地方的博弈结果使净出口增加的同时，使社会成本得到了更大程度的提高，从而降低了贸易实际收益；通过比较博弈（三）和博弈（四）中的结果，可以发现当中央和地方政府对控制价格的偏好度大幅提高时，中央—地方的博弈结果使净出口降低的同时，使社会成本降低的幅度更大，从而增加了贸易实际收益；通过比较博弈（二）和博弈（五）中的结果，可以发现当地方官员存在腐败行为时，中央—地方的博弈结果使净出口降低的同时，使社会成本降低的幅度更大，从而增加了贸易实际收益；通过比较博弈（二）和博弈（六）中的结果，可以发现当降低转移支付力度时，中央—地方的博弈结果使净出口降低，使社会成本降低的幅度更大，从而增加了贸易实际收益。

表6-7 不同博弈结果下净出口的实际收益比较

博弈	情形	净出口	社会成本	实际收益
博弈（一）	中央分权、地方支持寻租	$0.5 \times 4 \times 3 = 6$	$\frac{1}{2} \times 4 \times (-1) + \frac{1}{2} \times (3+3) = 1$	5
	中央不分权、地方支持寻租	$0.5 \times 4 \times 3 = 6$	$\frac{1}{2} \times 4 \times (-1) + \frac{1}{2} \times (3+3) = 1$	5
博弈（二）	中央分权、地方支持寻租	$0.5 \times 4 \times 3 = 6$	$\frac{1}{2} \times 4 \times (-1) + \frac{3}{4} \times (3+3) = 2.5$	3.5
	中央不分权、地方支持寻租	$0.5 \times 4 \times 3 = 6$	$\frac{1}{2} \times 4 \times (-1) + \frac{3}{4} \times (3+3) = 2.5$	3.5

博弈	情形	净出口	社会成本	实际收益
博弈 (三)	中央分权、地方支持寻租	$0.5×4×4=8$	$\frac{1}{2}×4×(-0.5)+\frac{3}{4}×(4+4)=5$	3
	中央不分权、地方支持寻租	$0.5×4×4=8$	$\frac{1}{2}×4×(-0.5)+\frac{3}{4}×(4+4)=5$	3
博弈 (四)	中央分权、地方不支持寻租	$0.5×4×1=2$	$\frac{1}{2}×4×(-3)+1.5×(1+1)=-3$	5
	中央不分权、地方不支持寻租	$0.5×4×1=2$	$\frac{1}{2}×4×(-3)+1.5×(1+1)=-3$	5
博弈 (五)	中央分权、地方不支持寻租	$0.5×4×1=2$	$\frac{1}{2}×4×(-3)+\frac{3}{4}×(1+1)=-4.5$	6.5
	中央不分权、地方不支持寻租	$0.5×4×1=2$	$\frac{1}{2}×4×(-3)+\frac{3}{4}×(1+1)=-4.5$	6.5
博弈 (六)	中央分权、地方不支持寻租	$0.5×4×1=2$	$\frac{1}{2}×4×(-3)+\frac{3}{4}×(1+1)=-4.5$	6.5

根据以上分析，可以得出命题6.6~命题6.9。

命题6.6：无论中央政府如何选择，只要地方政府选择支持寻租，中央—地方博弈结果便会对贸易实际所得造成负面作用，而且，这一负面作用在存在地方垄断势力的情况下更加严重，因为利益集团市场集中度和话语权提高会使寻租过程变得更"有效率"。

命题6.7：无论中央政府如何选择，只要地方政府选择不支持寻租，中央—地方博弈结果便会对贸易实际所得产生促进作用，而且，这一促进作用在存在地方官员腐败行为的情况下更加明显，因为腐败的普遍化会使寻租过程变得更加"低效"，而选择规制寻租意味着对腐败的打击和避免，从而可节省更高的机会成本。

命题6.8：政治体制改革可以实现贸易实际所得的提升，因为若地方官员更加重视民生需求和防通胀目标的话，则会选择不支持寻租，进而更有力地促进内需的扩大，激发市场发现力，实现让利于民。

命题 6.9：政府转移支付仅是实现表面上的区域间公平的一种工具，如果降低转移支付的力度，则中央政府更加倾向于扩大财政分权，让地方政府享有更多的税收分成，并且促进地方政府自觉抵制寻租，进而实现贸易实际收益的提高。

第三节
实证分析

一、实证模型

根据本章的理论假说，国家层面的制度通过影响地方政府对利益集团寻租的态度和措施，能够对一国的制造业比较优势产生影响。也就是说，当地方政府出于晋升等目的而竞相支持本地企业集团寻租行为时，会给全国的制造业比较优势造成长期负面影响；当转移支付力度较弱时，有助于实现财政分权，同时制造业比较优势也会提升；对腐败和垄断的控制有助于增强规制寻租对比较优势的促进作用。因此，在实证中应重点观察财政分权和地区竞争对比较优势的作用方向和程度，以及垄断和腐败对作用程度的影响。另外，制造业比较优势还容易受到其他因素影响，在计量过程中应加以控制。据此理论判断，本章构建了以下计量模型：

模型 1：$RCA_t = \alpha_1 \times FD_t \times MON_t + \alpha_2 \times COM_t \times MON_t + \xi C_t + \eta_1 D_t^1 + \eta_2 D_t^2 + \beta + \varepsilon_t$

模型 2：$RCA_t = \alpha_1 \times FD_t \times COR_t + \alpha_2 \times COM_t \times COR_t + \xi C_t + \eta_1 D_t^1 + \eta_2 D_t^2 + \beta + \varepsilon_t$

式中，变量下标 t 代表不同年份，ε_t 代表残差项。RCA_t 为当年中国制造业的显示性比较优势指数，FD_t 为财政分权指数，MON_t 为垄断指数，COM_t 为地方竞争指数，COR_t 为腐败指数，C_t 为其他控制变量，D_t^1 和 D_t^2 分别为年份虚拟变量（在做 VAR 时加入模型，其他情况不加入），β 为常数项。本章认为财政分权和地区竞争作为制度性因素，对制造业比较优势产生影响的过程依赖于在垄断和反腐败等"治理成本"的高低，因此它们的交互项可以作为主要解释变量。为保证检验结果的稳定性，在计量分析中加入以下控制变量：①当年的人力资本禀赋（HE_t）；②当年的自然资源禀赋（RE_t）。

尽管在以上计量模型的设计中，本章规定出了被解释变量和解释变量，但需要明确的是，由于制造业出口规模的扩大和收益的提升，本身是地方政府追求的重要目标之一，地方政府的财政收入直接受当地出口贸易发展态势的影响，地方竞争激烈程度也会随外贸发展而有所变动，因此模型中的解释变量和被解释变量其实很容易构成互为因果关系，难以区分内生和外生。另外，国家层面的制度作用的发挥，比其他层面的制度更加可能体现出滞后性。那么，向量自回归（VAR）模型及建立在其基础上的脉冲响应函数（IRF）的实证结果，应是本节实证的最终目的。这样才能够更好地把握各经济变量之间的系统性联系。以上计量模型更多地代表的是本章的理论假说。

二、变量选取、数据来源及处理

（一）被解释变量

制造业显示性比较优势指数（RCA_t）指的是当年中国的制造业在全部贸易部门中的相对优势与中国的全部贸易部门在世界范围内的相对优势之比，测算公式为：

$$RCA_t = \frac{X'_{ht}}{X'_{wt}}$$

式中，X'_{ht} 表示中国工业制成品当年的出口额在出口总额中的比重（数据来源于历年《中国统计年鉴》），X'_{wt} 表示全世界工业制成品当年的出口额在出口总额中的比重（数据来源于历年《国际统计年鉴》）。时间跨度为 1990~2011 年，以下变量的时间跨度均依此例。

（二）财政分权指数

借鉴孙蚌珠等（2010）的方法，本章认为应从四个维度衡量中国的财政分权程度，分别为 FD_1、FD_2、FD_3 和 FD_4，具体测算方法如下：

$$FD_1 = \frac{\sum EX_k^{in}}{EX_c^{in} + \sum EX_k^{in}}$$

$$FD_2 = \frac{\sum INC_k^{in}}{INC_c^{in} + \sum INC_k^{in}}$$

$$FD_3 = \frac{\sum EX_k^{in+out}}{EX_c^{in+out} + \sum EX_k^{in+out}}$$

$$FD_4 = \frac{\sum INC_k^{in+out}}{INC_c^{in+out} + \sum INC_k^{in+out}}$$

式中，下标 k 和 c 分别代表各省份地方财政和中央财政，上标 in 和 in+out 分别代表预算内和预算内外，EX 为财政支出，INC 为财政收入。本章将上述四个维度的时间序列构成一个指标体系，并用主成分分析法确定指标权重，从而计算得出 FD_t 的值。此处原始数据来源于历年《中国统计年鉴》和《中国财政年鉴》。首先将 FD_1、FD_2、FD_3 和 FD_4 分别实现标准化，处理公式为：

$$Z_{tj} = \frac{x_{tj} - \bar{x}_j}{\sigma_j}$$

式中，Z_{tj} 为第 t 年第 j 个指标的标准化值，σ_j 为第 j 个指标的标准差。由此得到的标准化数据见附录 4。主成分分析的结果显示，这四个因子中可提取出一个公因子（方差贡献率约70%），进而得出因子得分系数矩阵，并将其表示为四个指标的线性形式：

$$FD_t = 0.282 \times FD_1 - 0.290 \times FD_2 + 0.318 \times FD_3 - 0.308 \times FD_4$$

利用以上函数与附录 4 中的标准化数据便可得出 1990~2011年中国的财政分权指数。由于该结果取值范围为（-2，2），为了不影响回归结果的准确性，本章将其全部加 10，见附录 5。

（三）地方竞争指数

借鉴林春山（2011）的方法，本章认为各地区的地方基础税收（营业税、增值税和企业所得税）同地方政府的竞争态势呈反比例关系，其理由是地方政府基础税收收入减少，在晋升激励和扩大财政收入的目标下，便会想方设法增加潜在收入，地方性的政企联盟也更加容易形成。地方竞争指数的具体测算公式为：

$$COM_t = \left(\frac{BUSI_t + VAT_t + COR_t}{GDP_t} \right)^{-1}$$

式中，$BUSI_t$ 为当年地方财政的营业税收入，VAT_t 为当年地方财政的国内增值税收入，COR_t 为当年地方财政的企业所得税收入，GDP_t 为当年国内生产总值。此处数据来源于历年《中国统计年鉴》和《中国财政年鉴》。

（四）垄断指数

勒纳指数（Lerner Index）是判断市场中垄断力量强弱的重要指标，具体方法为对价格与边际成本偏离程度加以度量，公式为 L =（P - MC）/P。但该方法的度量在数据搜集上非常困难，本章借鉴 Cheung 等（2004）测度行业勒纳指数的方法，具体公式为：

$$MON_{it} = \frac{VA_{it} - W_{it}}{F_{it}}$$

式中，下标 i 代表行业，t 代表年份，MON_{it} 为 i 行业当年的垄断程度，VA_{it} 为 i 行业当年的工业增加值，W_{it} 为 i 行业当年的劳动力成本，F_{it} 为 i 行业当年的工业总产值。此处数据来源于历年《中国统计年鉴》和《中国工业经济统计年鉴》，劳动力成本的值由各行业"从业人数"与"平均工资"相乘得到（平均工资数据来源于历年《中国劳动统计年鉴》）。

本章需要的是全国范围内的时间序列数据，因此应选出典型制造业行业，每个行业的 MON_{it} 构成一个维度，进行主成分分析，进而得出全国整体的 MON_t。根据各制造业行业的工业总产值在 1990~2011 年的均值排序，本章选取了排名在前 5 位的行业，分别为通信设备、计算机及其他电子设备制造业，黑色金属冶炼及压延加工业，交通运输设备制造业，化学原料及化学制品制造业，电气机械及器材制造业。将这些行业的垄断指数分别定义为 MON_1、MON_2、MON_3、MON_4 和 MON_5，并将其分别实现标准化（由此得到的标准化数据见附录6），进而进行主成分分析。结果显示，这 5 个因子中可提取出 1 个公因子（方差贡献率超过95%），进而得出因子得分系数矩阵，并将其表示为 5 个指标的线性形式：

$$MON_t = 0.201 \times MON_1 + 0.206 \times MON_2 + 0.207 \times MON_3 + 0.203 \times MON_4 + 0.207 \times MON_5$$

利用以上函数与附录 6 中的标准化数据便可得出 1990~2011 年中国的垄断指数。由于该结果取值范围为（-3，2），为了不影响回归结果的准确性，本章将其全部加 10，见附录 7。

（五）腐败指数

傅勇（2010）曾用每百万名在职的公职人员的贪污贿赂案件立案数作为反腐败的指标。然而，本章假设中国在各年份的整体反腐力度是相差不大的，检察机关自行侦查的腐败案件的立案数主要同公职人员腐败行为的多寡有关。因此，每万名在职的公职人员的贪污贿赂案件立案数应当作为腐败指数 COR_t 考察，该指标越高，则说明全国范围的腐败现象越严重，进而反腐败成本越高。此处数据来源于历年《中国统计年鉴》和《中国法律年鉴》。

（六）虚拟变量

本章的计量模型引入了两个虚拟变量 D_t^1 和 D_t^2。其中，D_t^1 为 1994 年分税制改革的虚拟变量，该项改革对中国经济产生了深远影响，则 1990~1993 年 D_t^1 赋值为 0，1994~2011 年 D_t^1 赋值为 1；D_t^2 为 2008 年国际金融危机的制度变量，国际金融危机的蔓延给各国的制造业生产和对外贸易带来了显著影响，中国为应对金融危机和经济衰减的风险，财政政策和货币政策均进行了较大的调整，体现在本章实证模型的各变量中也发生了明显的变动，则 1990~2007 年 D_t^2 赋值为 0，2008~2011 年 D_t^2 赋值为 1。

（七）控制变量

本章计量模型的各控制变量的具体指标和数据来源分别为：①人力资本禀赋（HE_t）用当年高等学校在校人数与普通高中在校人数的比值表示，其数据来源于历年《中国统计年鉴》；②自然资源禀赋（RE_t）用当年采矿业产出在工业总产值中的占比表示，其数据来源于历年《中国工业经济统计年鉴》。

三、基于时间序列数据的计量分析

(一) 时间序列数据的平稳性检验

在对时间序列数据进行计量分析之前，需要检验各变量的平稳性。本章选用 ADF 单位根检验方法。各变量水平值的检验结果如表 6-8 所示。从该表可见，所有变量的水平值均为非平稳，应对其一阶差分的平稳性进行检验。

表 6-8　各变量水平值的单位根检验结果

变量	检验形式 (c, t, k)	t-Statistic	Prob.	结论
RCA_t	(c, 0, 1)	2.574488	0.9999	不平稳
$FD_t \times MON_t$	(c, 0, 1)	−2.026081	0.2743	不平稳
$COM_t \times MON_t$	(c, 0, 1)	−0.118342	0.9351	不平稳
$FD_t \times COR_t$	(c, 0, 1)	−2.878246	0.0649	不平稳
$COM_t \times COR_t$	(c, 0, 1)	−1.315148	0.6026	不平稳
HE_t	(c, 0, 3)	1.601523	0.9989	不平稳
RE_t	(c, 0, 1)	−1.906340	0.3231	不平稳

注：①检验形式（c, t, k）中，c 表示含有常数项，t 表示常数项和趋势项，k 表示滞后阶数；②滞后阶数 k 根据 AIC 和 SC 确定。表 6-9 同。

所有变量的一阶差分的单位根检验结果如表 6-9 所示。该表显示每个变量的一阶差分基本上在全部检验方法中显示为拒绝零假设，不存在单位根过程，即均为平稳序列。

表 6-9　各变量一阶差分值的单位根检验结果

变量	检验形式 (t, c, k)	t-Statistic	Prob.	结论
RCA_t	(c, 0, 1)	−3.012030	0.0508	平稳
$FD_t \times MON_t$	(c, 0, 1)	−4.520120	0.0022	平稳
$COM_t \times MON_t$	(c, 0, 1)	−3.488744	0.0195	平稳
$FD_t \times COR_t$	(c, 0, 1)	−3.767238	0.0109	平稳

变量	检验形式 (t, c, k)	t-Statistic	Prob.	结论
$COM_t \times COR_t$	(c, 0, 1)	-4.035281	0.0062	平稳
HE_t	(c, 0, 2)	-3.368573	0.0258	平稳
RE_t	(c, 0, 1)	-5.388227	0.0003	平稳

（二）Johansen 协整检验

根据以上分析，模型 1 和模型 2 中的所有变量均为一阶单整 I(1)，因而可以将模型中的除虚拟变量之外的所有变量的长期协整关系加以检验。表 6-10 显示的是模型 1 中各变量的 Johansen 协整检验结果，根据 AIC 和 SC 确定滞后阶数为 2。可以看出，该协整模型在 1% 的显著性水平下拒绝 r≤1 的原假设，即模型 1 中的各变量之间存在一个协整关系。

表 6-10　模型 1 中各变量的 Johansen 协整检验结果

原假设	特征根	Trace Statistic	临界值(1%)	Prob.
None*	0.954547	135.3361	77.81884	0.0000
At most 1*	0.867414	73.51452	54.68150	0.0000
At most 2	0.618930	33.10399	35.45817	0.0201

注：* 表示在 1% 的显著性水平下拒绝原假设。表 6-11 同。

表 6-11 显示的是模型 2 中各变量的 Johansen 协整检验结果，根据 AIC 和 SC 确定滞后阶数为 2。可以看出，该协整模型在 1% 的显著性水平下拒绝 r≤2 的原假设，即模型 2 中的各变量之间存在两个协整关系。

表 6-11　模型 2 中各变量的 Johansen 协整检验结果

原假设	特征根	Trace Statistic	临界值(1%)	Prob.
None*	0.932220	130.1206	77.81884	0.0000
At most 1*	0.819157	76.29076	54.68150	0.0000

原假设	特征根	Trace Statistic	临界值(1%)	Prob.
At most 2*	0.753208	42.08825	35.45817	0.0012
At most 3	0.472984	14.10404	19.93711	0.0801

（三）Granger 因果检验

在证明了模型 1 和模型 2 中各变量之间存在长期协整关系之后，需要对模型中的主要解释变量与 RCA_t 之间的因果关系进行判断。表 6-12 显示的是模型 1 的主要解释变量与被解释变量的 Granger 因果检验及结论。根据该表，可以认为在滞后阶数为 1 的时候，$FD_t \times MON_t$ 与 RCA_t 不存在 Granger 因果关系，而 $COM_t \times MON_t$ 与 RCA_t 之间互为因果。

表 6-12　模型 1 的主要解释变量与被解释变量的 Granger 因果检验

关系	备择假设 H_1	滞后阶数	F 统计量	Prob.	结论
RCA_t 与 $FD_t \times MON_t$	$RCA \to FD \times MON$	1	0.49321	0.4915	前者与后者相互不存在 Granger 因果关系
	$RCA \leftarrow FD \times MON$	1	0.65110	0.4303	
RCA_t 与 $COM_t \times MON_t$	$RCA \to COM \times MON$	1	10.1922	0.0050	前者与后者互为 Granger 原因
	$RCA \leftarrow COM \times MON$	1	6.42768	0.0207	

表 6-13 显示的是模型 2 的主要解释变量与被解释变量的 Granger 因果检验及结论。根据该表，可以认为在滞后阶数为 1 的时候，$FD_t \times COR_t$ 与 RCA_t 之间不存在 Granger 因果关系，$COM_t \times COR_t$ 与 RCA_t 之间也不存在 Granger 因果关系。

表 6-13　模型 2 的主要解释变量与被解释变量的 Granger 因果检验

关系	备择假设 H_1	滞后阶数	F 统计量	Prob.	结论
RCA_t 与 $FD_t \times COR_t$	$RCA \to FD \times COR$	1	1.73775	0.2040	前者与后者相互不存在 Granger 因果关系
	$RCA \leftarrow FD \times COR$	1	0.75878	0.3952	
RCA_t 与 $COM_t \times COR_t$	$RCA \to COM \times COR$	1	1.36133	0.2585	前者与后者相互不存在 Granger 因果关系
	$RCA \leftarrow COM \times COR$	1	0.11021	0.7437	

（四）脉冲响应函数观察

本章将模型 1 和模型 2 中的全部变量（包括虚拟变量）构建 VAR 模型。在由模型 1 中的全部变量所构成的 VAR 模型中，本章根据 AIC 和 SC 将滞后阶数确定为 1。从对该模型估计的输出结果中，可以看出模型的拟合优度、整体显著性和对数似然函数值等关键指标的表现较优，则认为该 VAR 模型的估计结果是可靠的。进而，发现模型 1 中的各解释变量、控制变量和虚拟变量的滞后一阶值的变动同 RCA_t 的变动之间的关系全部为不显著。因此，本章认为应该观察脉冲响应函数的图形，判断随机扰动项对 RCA_t 冲击的长期效应。附录 8 显示的是以 RCA_t 为响应变量、以模型 1 中所有变量为冲击变量的脉冲响应函数的图形，可以看出，在第 1 期，除了对 RCA_t 自身有明显的正向响应以外，对其他变量均没有响应；进入第 2 期，RCA_t 开始对 $COM_t \times MON_t$ 表现出负向响应，且持续较久；进入第 4 期以后，RCA_t 开始对 $FD_t \times MON_t$ 表现出正向响应，并持续增强；RCA_t 对虚拟变量 D_t^1 的响应第 2 期和第 3 期为负，从第 4 期起转为正，并持续增强。

在由模型 2 中的全部变量构成的 VAR 模型中，本章根据 AIC 和 SC 将滞后阶数确定为 1。从对该模型估计的输出结果中，可以看出模型的拟合优度、整体显著性和对数似然函数值等关键指标的表现较优，则能够认为该 VAR 模型的估计结果较为可靠。附录 9 显示的是以 RCA_t 为响应变量、以模型 2 中所有变量为冲击变量的脉冲响应函数的图形。可以看出，在第 1 期，除了对 RCA_t 自身有明显的正向响应以外，对其他变量均没有响应；进入第 2 期，RCA_t 开始对 $FD_t \times COR_t$ 和 $COM_t \times COR_t$ 均表现出负向响应，并持续增强；RCA_t 对虚拟变量 D_t^1 的响应第 2 期、第 3 期、第 4 期为负，从第 5 期起转为正，且持续较久。

至此，可以做出如下初步判断：

（1）财政分权指数在短期内对制造业比较优势没有明显影响，在长期中影响为正，而垄断的增强会加速这种正向影响，腐败现象的减少也会加速这种正向影响。这一点的解释为：若地方政府可支配的财政收入提高，则会使其自主分配区域内经济资源的权限和能力得到提高，从而促进区域内的产业结构更加合理。在这种情况下，即使垄断程度有所加强，利益集团向本地地方政府寻租的行为可能会增多，只要有效预防和控制公职人员腐败行为，这种分权程度的提高也会有效使外贸优势得到增强。而且，这种效应的滞后性证明了地方财政的再分配效应需要若干年的过程。

（2）地方竞争指数在1~2年内对制造业比较优势未产生明显影响，但很快便会体现出负向影响，且垄断和腐败的增多会加速这种负向影响。这一点的解释为：若地方政府的基础性税源减少，如企业所得税、增值税等，则地方政府出于晋升等竞争目的，便会采取通过各种预算外途径取得财政收入的扩大，如加强事业性收费力度等，这势必给制造业企业带来更沉重的成本负担，抵消了其为扩大出口优势所做的技术和经济努力。在这种情况下，地方政府为获得更大经济绩效，往往倾向于采取诸多短期行为，比如与区域性利益集团形成政企联盟，共同向中央政府寻租，以期获得更多的政策倾斜和其他优质公共产品，这样便会造成巨大的浪费，并助长了腐败现象。在此基础上形成的利益集团和垄断，对于外贸发展是非常不利的，近年来出现的区域间产业同构和高水平重复建设，以及由此导致的很多高新技术产业"有增长，无优势"的现状，可以证明这一点。

（3）分税制改革对于外贸发展的影响在长期中为积极的。中国的分税制改革的初衷是给予地方政府更大的自主权和积极性，但是实践中财税体制改革相对缓慢，政府职能转变不够彻底，从而导致了很长一段时间内财政上的中央集权不断加强，地方政府基于垄断和腐败而对寻租行为的支持也有增无减，外贸规模高速增长的同时，制造业外贸收益和比较优势未得到相应的提高。但是，随着改革开放的推进，财税体制改革也在不断探索，中央从宏观层面的政策调整也在持续进行，调整的核心目的基本上都围绕着在分税制下更好地协调中央与地方的激励关系，比如调整转移支付力度、完善财权与事权分配机制等。这些制度调整将使地方政府有更大的动力去规制本地的寻租行为以及垄断和腐败，从而长期中能够提高制造业的外贸收益和出口优势。

四、稳健性检验

（一）检验方法

由于数据的可得性等因素，本章基于时间序列数据的计量分析中样本年份较短，因此需要通过其他计量方法来验证前文中的结果稳健性。

通过测算 FD_t 与 RCA_t 之间的 Spearman 相关系数可知，两者非参数相关系数为 0.898，且 P 值为 0，显著性水平非常高，初步印证了本章的理论判断和 VAR 结果。通过测算 COM_t 与 RCA_t 之间的 Spearman 相关系数可知，两者非参数相关系数为 −0.657，且 P 值为 0.001，显著性水平非常高，也初步印证了本章的理论判断和 VAR 结果。

此时，可以由 RCA_t/FD_t 的值代表财政分权对于比较优势的正向促进作用，该值越高，说明正向作用越明显；由 COM_t/RCA_t 的值代表地方竞争对于比较优势的负向阻碍作用，该值越高，说明负向作用越明显。那么，本章考虑用灰色关联分析法验证垄断程度和腐败程度分别对这两种作用的影响。

（二）检验结果及分析

首先，需要将涉及检验的几个变量的数据进行标准化处理。进而，测算出 MON_t 和 COR_t 分别与 RCA_t/FD_t 和 COM_t/RCA_t 的 Spearman 相关系数。结果显示，MON_t 与 RCA_t/FD_t 的 Spearman 系数为 -0.149，MON_t 与 COM_t/RCA_t 的 Spearman 系数为 0.051，COR_t 与 RCA_t/FD_t 的 Spearman 系数为 -0.222，COR_t 与 COM_t/RCA_t 的 Spearman 系数为 0.774。由此可见，无论显著与否，垄断程度和腐败程度与财政分权对比较优势的促进作用均为反向变动关系，与地区竞争对比较优势的阻碍作用均为同方向变动关系。这基本符合本章的理论判断（命题 6.6 和命题 6.7）和实证结果。

下一步，具体的协同程度需要观察灰色关联分析。表 6-14 显示的是四对变量的灰色关联分析结果及 Spearman 相关系数。其中，ε^0、r^0 和 R^0 分别为矩阵间的绝对关联度、相对关联度和综合关联度，综合关联中的系数 θ 设为 0.5。从该表可以发现，MON_t 同 RCA_t/FD_t 和 COM_t/RCA_t 的 Spearman 系数绝对值明显低于 COR_t 同 RCA_t/FD_t 和 COM_t/RCA_t 的 Spearman 系数绝对值，且后两者的显著性更明显；MON_t 同 RCA_t/FD_t 和 COM_t/RCA_t 的绝对关联度和综合关联度明显高于 COR_t 同 RCA_t/FD_t 和 COM_t/RCA_t 的绝对关联度和综合关联度；MON_t 同 RCA_t/FD_t 和 COM_t/RCA_t 的相对关联度明显高于 COR_t 同 RCA_t/FD_t 和 COM_t/RCA_t 的相对关联度。

从以上分析可以进一步推断，从 Spearman 系数结果上看，相比垄断程度，腐败程度的提高会更明显地减弱财政分权对比较优势的促进作用，且会更明显地增强地区竞争对比较优势的阻碍作用；从灰色关联指数上看，垄断程度同参考序列的绝对

表 6-14　灰色关联分析结果及其 Spearman 相关系数

	Spearman 系数	灰色关联指数		
		ε^0	r^0	R^0
MON_t 与 RCA_t/FD_t	−0.149	0.8689	0.8801	0.8745
MON_t 与 COM_t/RCA_t	0.051	0.7511	0.8067	0.7789
COR_t 与 RCA_t/FD_t	−0.222	0.5418	0.9393	0.7406
COR_t 与 COM_t/RCA_t	0.774*	0.5284	0.8545	0.6915

注：* 表示在 1%的水平下 Spearman 系数显著。

关联度和综合关联度高于腐败程度，而其相对关联度低于腐败程度。

这一结果可能的机理是：①当腐败程度较高时，降低财政分权或提高地区竞争程度，在静态中可能使地方政府的支持寻租增多，进而抑制了贸易收益和比较优势，但腐败导致的寻租是被中央和地方同时不容的，因此动态中此类寻租会受到规制，腐败会受到惩戒，从而在灰色系统中表现的绝对关联系数相对低。②当垄断程度较高时，降低财政分权或提高地区竞争程度，在静态中会增加地方政府的寻租支持，使比较优势受到抑制，但其弹性低于腐败对参考序列的作用弹性；在动态中垄断势力的增大会使企业集团的话语权急剧扩张，它们满足于寻租收益而难以提高生产率和出口能力。

这与本章基于时间序列数据的计量分析结果是一致的，二者共同对本章的理论分析结构提供了实证支持。实证结论的要点综合归纳如下：

第一，财政分权有利于比较优势的提高，地区竞争不利于比较优势的提高。若国家财税制度设计能基本满足和平衡地方政府的收入需求，地方政府会把更多的精力投放在对企业无歧视支持和服务上，而不是寻求更多预算外收入，从而制造业企业的出口能力和比较优势能够得到提高。

第二，从静态看，垄断的存在增强了财政分权对比较优势的正向作用，腐败的存在减弱了该正向作用。当财政分权程度较高时，由于地方垄断势力较为强大，则仍会有地方政府去支持寻租，而且建立在财政分权与地方垄断并存基础上的寻租行为，短期内有可能加强财政分权对比较优势的正向作用。然而，建立在财政分权与腐败行为并存基础上的寻租行为，短期内会明显地使财政分权对比较优势的正向作用削弱。

第三，垄断和腐败的存在均增强了地方竞争对比较优势的负向作用。地方竞争越激烈，地方政府为寻求预算外收入，越显得不计后果，而且垄断和腐败还为其提供了更方便的平台，使地方竞争对比较优势的负向作用更加明显。

第四，垄断的静态效果弱于腐败的静态效果，是因为腐败更加明显化，对法律的直接挑战更加严重，而垄断对于公平和效率的侵害更加隐蔽，更容易受到地方政府的容忍甚至依赖。长期中，垄断对国家通过调整财税制度来提升比较优势的收效的损害更加严重。从动态看，地方政府对垄断的短期容忍会造成垄断势力的坐大及地方政府对其依赖，进而长期中增强财政分权对于规制寻租行为可能会失效，垄断更会明显地阻碍财政分权对比较优势的增进效果。

第四节
本章小结

本章关注的是国家层面的制度对制造业比较优势的影响。本章认为，若制度设计不合理，则国家往往会沦为"掠夺之手"，成为与民争利的主体。因此现代国家基本上是从整体层面，对利益集团寻租行为保持厌恶态度并采取规制行动的。利益集团的出现是社会化生产的必然产物，并随着现代经济的发展而发展。利益集团寻租行为以争夺优质公共产品带来的剩余权利为目的，是公共产品的相对稀缺性规律使然。然而，规制寻租行为需要付出治理成本，主要治理对象是垄断和腐败，此二者是决定寻租效率的重要因素。因此，国家对寻租行为采取规制措施时，需要考虑寻租的基础及由此导致的治理成本。在中国的实际中，企业集团寻租的对象主要是地方政府，因为地方政府拥有大量的事权，也有巨大的财政收入需要和官员晋升激励，且相对来说其宪法意识低于中央政府。那么，国家规制寻租时最直接、可控的制度变量便是财税制度，即通过对财政分权和扩大地方政府基础税源，以满足地方政府的财政收入需要，减弱其支持利益集团寻租的动机，从而实现规制寻租的目的。一般而言，对寻租的有效规制，能够实现对企业追求收益最大化的正确引导，贸易收益和比较优势便能得到提高。但垄断和腐败行为往往会对冲国家以财税调整为手段的努力，因此国家往往综合考虑规制寻租带来的扭曲和租耗降低以及其中的治理成本，最终实现均衡决策。而不同的均衡解对贸易比较优势的作用方向和程度有所不同。

本章在第二节首先设定了中央政府和地方政府各自的收益函数，并构建了一个中央—地方政府博弈的理论模型，进而根据垄断、腐败、政府对民生的偏好度、转移支付力度的变化而给各成本—收益变量分别赋值，观察其博弈均衡结果的变化，以及均衡结果下净出口实际收益的变化。第二节的主要理论命题为，地方政府预算内收入和基础税源的扩大，可以减弱其支持寻租的动力，但若不能有效治理垄断和腐败，国家通过财税政策调整实现规制寻租的努力便会打折扣，且贸易收益和比较优势的提升也会受到抑制。

在理论分析的基础上，本章在第三节利用 1990~2011 年中国的经验数据，对本章的理论命题进行了实证检验，主要考察了财政分权及地方竞争分别对制造业比较优势的作用方向及程度。通过观察基于 VAR 模型的脉冲响应函数结果可知，财政分权对比较优势的影响为正，其中垄断会弱化这种正向作用，其与财政分权的交叉项对比较优势的冲击仍为正，腐败也会弱化这种正向作用，但其与财政分权的交叉项对比较优势的冲击转为负；地方竞争对比较优势的影响为负，其中垄断和腐败均会强化这种负向作用，二者分别与地方竞争的交叉项对比较优势的冲击均为负。为了保证时间序列数据计量分析的稳健性，本章进而对垄断指数和腐败指数分别对于财政分权及地方竞争对比较优势的作用力之间的灰色关联度进行了测算。除了验证 VAR 模型的实证结果外，还发现若考虑到时间序列的系统性变动（即动态性），则垄断对比较优势的隐蔽性损害逐渐显性化，会对国家财税制度调整的收效有更明显的负向作用。

本章的实证分析最终证明了 1993 年以来我国的分税制改革是成功的，但必须辅之以合理的转移支付力度以及对垄断和腐败的成功控制，才能实现整个经济体系效率的增强和制造业比较优势的培育。而且，地方官员的政绩观和公务员职业道德等非经济因素，对于经济系统运行的影响也是极其重要的。

本章理论和实证分析的结论，对于调整优化国家层面的制度，以使其对制造业比较优势的提升发挥出促进作用，具有重要的对策启示。

第一，应继续扩大财政分权，保障地方政府的预算内收入，减弱其对预算外收入非正常追求的动机，同时实现审批权等权限下移，使地方政府的财权和事权相对等。

第二，加强对地方官员的政绩观引导，促进其树立更加绿色、公益、合法、可持续的政绩观，化解不合理的地方竞争，构建优势互补的区域间合作机制，尤其是外向型经济的区域间合作机制。

第三，合理规制横向和纵向垄断，控制无规模经济的制造业垄断，在产业政策和外贸政策上公平对待不同规模及不同所有制的企业，向其提供均等化的公共产品，改变很多领域存在的高水平重复建设现状，发挥主体功能区对产业区域布局的规划功能，避免地方政府出于竞争目的而对本地区非优势产业盲目支持。

第四，坚决惩治和预防腐败，加大政府审计和反腐的力度，加强对土地买卖、招商引资、出口支持等重点领域中透明化监控，杜绝"官商勾结"和"定向设租"，提高公务员的职业道德、公仆意识和宪法精神。

第五，在扩大财政分权和地方税源的同时，合理降低政府转移支付力度，深化财税体制改革，强化对地方政府追求长远利益的正向引导。

第六，调整中央—地方间的关税收入分成和出口退税支出分担机制，鼓励内陆地区自行设立港务区、加工出口区等地方性外贸促进措施，把制造业比较优势同地方政府收益目标相捆绑，避免地方政府单纯地追求制造业生产规模和出口规模的扩张。

第七章
基于转变外贸发展方式的政策含义

第一节
对转变外贸要素结构的启示

改革开放以来，中国的对外贸易规模获得了巨大的提高。1978~2011 年，中国的进出口总额由 206.4 亿美元增至 36418.6 亿美元，其中出口额由 97.5 亿美元增至 18983.8 亿美元，进口额由 108.9 亿美元增至 17434.8 亿美元，顺差额由 –11.4 亿美元增至 1549 亿美元。净出口对国内生产总值增长的拉动和贡献率迅速提高。其中，工业制成品出口的增长对于外贸增长的贡献最为显著，2011 年中国工业制成品出口额占货物出口总额的 94.7%，远高于这一比例的世界平均值。同时，中国制造业出口结构转型的绩效也较为显著，1995~2011 年，高技术产业的出口交货值占全部制造业的出口交货值的比重由 14.9% 增至 40.9%，明显快于高技术产业的工业总产值占全部制造业的工业总产值的增速。目前，中国在粗钢、水泥、化肥、棉布等多种基础工业品的产量和出口量上均居世界第一位，已经成为世界制造业分工格局中最重要的国家之一。

然而，长期以来，中国的制造业出口增长更多地依赖对劳动力要素的低成本使用，而且非劳动密集型产业的出口优势的很大一部分来自高污染密度和相对宽松的环境规制。中国出口导向型的贸易政策以及突飞猛进的制造业出口能力，在很多研究中都被看作中国目前严峻的收入分配、资源环境问题的重要推动因素（刘力，2005；陆旸，2010；兰宜生等，2010）。这种问题的根源在于中国出口优势部门基本上都集中在劳动密集型行业、污染密集型行业和能源密集型行业。因此，为了实现经济增长和贸易发展与人口、资源、环境的相协调，需要改变我国出口增长对高能耗、高物耗、高人口红利的粗放型发展模式的严重依赖，需要促进我国出口产品更加富含"绿色要素"和"公平要素"，需要促使对外贸易为我国经济社会的多重目标做出应有的贡献。

另外，国内外经营环境和宏观形势决定了我国以低劳动力成本及低资源环境成本取得的贸易优势是不可持续的，而且目前正面临严峻的考验和关键的节点。一是美国次贷危机引发的国际金融危机及后续的欧债危机，说明了世界经济不平衡给各国经济带来严重危害，当发达国家市场需求减少时，将极易给中国制造业出口造成巨大波动，而实现世界经济再平衡的重要途径之一是实现中国制造业出口的要素结构的渐进式转型；二是国内外环境问题的严峻性决定了国内外环境规制力度必然会加强，《中国经济学人》（2010）对974家企业和114位经济学家进行的问卷调查显示，78%的企业和91%的经济学家认为国际与国内环境规制标准的变化趋势为"趋严"，从而环境密集型产品的优势将受到削弱；三是大部分资源尤其是矿产资源的稀缺性，以及国内市场对资源的消耗规模扩张，决定了资源性产品的国内价格必然呈上升趋势，从而资源密集型产品的优势将受到削弱；四是人口老龄化趋势的增强、刘易斯第二个拐点的逼近以及法律法规对劳动者权益的保护，决定了贸易增长可利用的人口红利将逐渐消失，从而劳动密集型产品的优势将受到削弱。若不实现中国外贸要素结构的转型，一旦外部需求和内部供给的变化突破某一个临界值，将会给中国外贸造成较大波动。因此，我国外贸的未来发展必须建立在转变外贸要素结构的基础上。

与本书的理论和实证分析相联系，转变外贸要素结构主要对应的是市场层面的制度。若市场层面的制度较为健全、合理，金融市场化和劳资关系平衡及要素市场改革能以一个较低的转换成本进行，则有助于促使外贸优势建立在真实的要素市场价格上，也有助于促使外贸规模增长建立在更有竞争优势的基础之上。

具体来说，劳动力成本上升的本质是在对外贸易长期高速增长提高了密集使用要素——劳动力的应得报酬的同时，法制的完善及现代社会的构建促使人的权益更加得到重视，其实际报酬也随之提高；资源成本上升的本质是在对外贸易长期高速增长的同时提高了密集使用的自然资源的应得报酬，资源的稀缺性和不可再生性促使资源的市场供给弹性降低，其实际报酬也随之提高；环境成本上升的本质是在对外贸易长期高速增长的同时提高了环境污染的危害程度（应得报酬），环境问题在全球范围内的集中爆发促使国内外环境规制力度增强，其实际报酬也随之提高。可见，出口部门的传统优势要素变得更加昂贵，这一方面是国际市场机制运行的自然结果，另一方面是由于人口、资源与环境在自身规律下的发展趋势的明显化导致的结果。

因此，目前转变外贸要素结构、提升制造业比较优势的主要努力方向有两个：一是尽可能减缓原有要素优势的丧失，熨平原有优势丧失造成的出口波动；二是尽快培育新的比较优势，建立一个以资本、技术、创意、制度安排为核心的比较优势体系。其中，前者对原有优势的延续并非建立在加剧要素市场扭曲的基础上，而应通过在要素市场上提供更优质的服务实现。二者相互支撑，分别实现短期收益和长期效益。具体措施及思路主要有以下几点：

第一，政府必须从微观层面给劳动者以更便捷的就业指导、给投资者以更优质的信息服务、给土地转让相关者以更透明的信息公开，并支持各类性质的咨询公司和中介公司的创业与合法经营；从宏观层面加强有关人事关系、投资关系及行业规范等行政法规的制定和执行，降低在投入使用生产要素过程中的违法违规行为造成的效率损耗。总之，通过减少、简化中间环节来降低原有优势要素的市场交易成本，实现外向型制造业所需的各类生产要素的自由买卖和便捷流转。

第二，比较优势的提升依赖于出口销售量的扩大以及对贸易壁垒的规避与突破，因而有能力的企业应积极开展国际市场需求的充分调研，并实现与国际技术标准的严密接轨，政府及NGO等组织应努力为外向型企业提供有关市场需求、技术标准与海外投资的信息服务。尤其对我国外向型资本和技术密集型行业来说，只有提高自身产品适销度、优化规范化生产管理、充分利用电子商务平台以及积极申报国际标准化认证，才能成功突破日趋严格的技术性贸易壁垒，顺利实现对生产的价值补偿，完成再生产过程，并通过规模经济效应而获得出口优势。

第三，参与国际竞争必然要求已经经过了比较充分的国内竞争，否则就会被国际利润平均化的趋势所淘汰，因而应尽快打破产品市场交换的地区封锁和部门分割，构建良好的市场秩序，大力推进内外贸一体化，尤其是建立新兴产业、高技术产品、新产品、创意产品的国内统一市场。

第四，要通过制度设计，实现外向型企业在生产经营过程中隐含成本的显性化。加强对外贸中有关资源与环境的隐含流的有效核算，才能实现资源利用方式的转变。同时，把对资源与环境的创新性制度安排作为新的比较优势来源，从而不断降低在生产和交换中的资源与能源消耗以及碳排放。另外，还应提高技术引进和利用水平，加强对高新技术产品和重要中间产品以及富含自然资源要素的产品的进口，实施进出口协调增长的战略。

第五，加强银行业监管，实施逆周期宏观审慎监管，控制银行业风险；加快资本市场改革步伐，提高国有股流通比例，尽快实现上市公司分红；规制、监管政府融资平台，防止其盲目扩张，重点打击其中的腐败渎职行为。总之，通过改革措施和依法监管，保障资本最终所有者（储户、股民、纳税人）的权益，纠正资本要素价格被低估的状况，从而使间接投资市场为外向型制造业的发展贡献更大的红利。

第六，劳动密集型行业转型升级并不否定吸纳更多就业的可能性，省域间的制造业梯度转移可以为我国整体层面的产业结构调整提供更大的空间，还可以使劳动力成本得到合理控制，进而解决更多的就业。同时，非劳动密集型行业可以分担一部分就业压力，具体可以通过拓展制造业出口部门的产品服务增值空间、延伸并提升产业链、积极开展服务贸易实现。

第二节
对转变外贸市场分布的启示

我国最早于 20 世纪 90 年代提出"出口市场多元化"战略，十几年来已经有了较大改观。2000 年，中国的贸易伙伴国（地区）中进出口总额前六位之和占全部的比重为 62.47%，出口额前六位之和占全部的比重为 66.42%，进口额前六位之和占全部的比重为 58.83%。2011 年，这三个比率分别降为 45.24%、50.54% 和 44.42%。然而，中国的出口市场集中度依然偏高。与印度相比，2009 年，中国和印度最大的出口伙伴国（地区）同为美国和欧盟，印度的出口额占其出口总额的 32.0%，而中国的这一比重为 38.1%。而且，中国在拥有巨额贸易顺差的同时，顺差来源也过于集中，主要集中于美国、中国香港、荷兰、英国和印度等国家（地区），2011 年对这五国（地区）的贸易顺差额是当年我国全部顺差的 3.63 倍。这些贸易伙伴集中于高收入国家，也是中国历年来遭受反倾销等贸易救济措施最为频繁的国家和地区。这种突发状况及随之而来的巨额国际司法成本，给中国具有出口优势的制造业企业造成了沉重的负担，不利于比较优势的健康发展。因此，转变出口市场分布具有十分重要的意义。另外，在大宗商品进出口中，我国一直难以掌握定价权和对海运成本的控制力，本土期货市场建设明显滞后。尤其是基础原材料的进口，进口价格频频飙升，给我国的相关制造业企业造成了成本高企甚至面临亏损的困境。比如，铁矿石进口价格在传统的年度协议定价机制下连年攀升，而在以近期普氏指数均价为基准的季度定价机制中，我国仍处于相对不利的地位，新推出的现货交易平台还处在艰难起步的阶段。所以，转变进口来源分布也是转变外贸发展方式的一项重要任务。

与本书的理论与实证分析相联系，转变外贸市场分布主要对应的是企业层面的制度。若外向型制造业企业面临的国内中间品交易环境能够对其出口优势产生促进作用，则应重点考虑同市场要素相对稀缺的国家开展出口贸易；若外向型企业面临的国内中间品交易环境对其出口优势为负面作用，则应重点考虑同市场要素相对充裕的国家开展出口贸易；若外向型企业面临的国内并购环境能够对其出口优势产生促进作用，则应重点考虑同组织要素相对稀缺的国家开展出口贸易；若外向型企业面临的国内并购环境对其出口优势为负向作用，则应重点考虑同组织要素相对充裕的国家开展出口贸易。

当然，选择对外贸易对象主要应建立在比较优势的基础上，而且运输成本、外交关系等也是重要影响因素。此处的市场要素和组织要素的国内外对比，其目的在于甄别对待不同贸易伙伴的实际贸易条件，对于适合开展出口贸易的国家或地区，通过多种途径开拓其市场空间，扩大出口规模。特别是目前新兴经济体国家及中低收入国家的市场有待开发，只要条件充分，应重点扩大对其出口份额，以实现出口市场多元化。具体思路包括以下几点：

第一，我国制造业企业在出口时应积极开拓新兴经济国家市场，通过产品差异化，并充分利用多边和区域性自由贸易协定，与发达国家在新兴市场上展开角逐。目前，发达国家的制造业企业不断地开拓国际市场，并依托强大的直接投资能力实现市场渗透。中国制造业企业应选择中间品交易环境比我国差或垂直一体化程度比我国高的国家（地区）作为重点开拓的出口市场。这是因为根据本书的理论和实证分析，整体来看，我国的市场要素对比较优势的效应为正，如果出口对象国的中间品交易环境较差，就更加依赖从国外市场获得中间品，并且我国较好的中间品交易环境给制裁违约行为提供了较好的制度保障；我国的组织要素对比较优势的效应为负，如果出口对象国对直接投资的支持力度高于我国，将使我国企业的海外投资更加受到东道国的保护和支持，以投资换市场的策略更容易实现，并且有助于减轻我国国内市场垄断造成的效率损耗压力。

第二，进一步推动中国—东盟自由贸易区框架下的货物贸易和服务贸易协定中规定的开放进程，充分利用中国在这一地区的地缘优势。中国陆上及隔海相望的邻国较多，且经济发展阶段差异较大，其中与东盟的贸易自由化进程走在了最前列，充分利用这一自由贸易框架对于中国具有重要的意义。我国政府应保持同这些国家的经贸合作关系，支持我国有条件的制造业企业向其转移，并为企业的贸易与投资活动提供更好的信息服务和法律支持。

第三，通过开展技术合作与政府援助，开拓最不发达国家的消费市场。从长远看，国际经济政治新秩序的建立，会推动有潜力的发展中国家的经济腾飞，并使最不发达国家的国民收入和消费能力得到一定提高。如果能在这些国家的国内市场占据先机，便有可能使我国在动态中分享到世界经济整体发展的红利，保障我国对外贸易的长远利益。

第四，将市场要素和组织要素进行国内外比较时，除了要考虑我国及对象国的平均水平以外，还应结合企业所在地区和行业的制度环境，以及制度环境与出口优势的关系。本书的理论和实证分析表明，我国企业层面的制度及其效应在地区间的差异较大，一般而言发达地区的制造业出口更依赖组织要素的投入，欠发达地区的制造业出口更依赖市场要素的投入，企业在做出决策时应综合考虑制度变量及其弹性。另外，行业特征的差异也是需要考虑的重要方面。

在应对我国进口贸易条件相对恶化对我国制造业造成的损害时，应将进口来源多元化战略与国内个别行业市场集中度调整结合推进。首先，要明确我国的进口商品结构重点应放在国内紧缺的资源性产品、重大装备关键件、先进技术和设备以及其他高新技术产品上。其次，注意进口来源多元化，通过经济外交来深化与俄罗斯、中亚国家的战略合作关系。最后，针对中国大宗初级产品的进口中均出现了一些定价权缺失的现象，这些问题表面上是由于我国的行业集中度和纵向一体化程度偏低、期货等金融定价能力弱等原因，本质上是由于贸易对象的资源优势或生产优势所造成的其国内国际"双垄断"推高了该商品的市场价格。我国应合理规制大宗商品进出口中的地方政府行为，实行适当的宏观调控措施，并且要促进行业组织发挥合力作用，规范进口市场秩序，同时还应注重同相关行业的集中度偏低的经济体发展贸易关系。

第三节
对转变贸易方式和经营方式的启示

改革开放以来，我国吸引了大量外商直接投资。尤其是投向制造业的绿地投资，使得中国制造加工产业日益融入世界分工体系，成为全球产业链条中的重要一环。同时，加工贸易长期以来是我国外贸增长的重要推动因素。1996~2007年，加工贸易出口占中国出口总额的比重曾连续高于50%。外商投资企业的进出口额及顺差额高于其他性质的企业。2011年，外资企业进出口额占我国进出口总额的51.07%，其顺差额达到总顺差额的84.28%。而且，加工贸易的优势行业非常集中，长期集中于机械、电子和纺织等领域。这几个领域的出口额在加工贸易中的占比高于其在全部贸易方式中的占比。由此可见，加工贸易的发展给我国外贸规模带来具体提升的同时，还导致了产品集中度和市场集中度的高企，随之而来的是贸易摩擦频发和贸易实际所得降低。要想增强"中国制造"在技术、品牌、质量和服务等方面的竞争力，必须依靠各种贸易方式的协调发展，做强一般贸易，提升加工贸易，发展其他贸易。其中，主要包括两个方面——加工贸易的转型升级和所有贸易方式的海外竞争手段丰富化。

与本书的理论与实证分析相联系，转变贸易方式与经营方式主要对应的是企业层面的制度和市场层面的制度。也就是说，当组织要素较充裕且能给出口优势带来促进作用时，制造业企业有更多的自有资金和更好的融资环境实现规模经济，从而整体上降低了对外商投资的依赖，使一般贸易得到更好发展；当市场要素较充裕且能给出口优势带来促进作用时，企业间的中间品交易更加顺畅，从而制造业产业链结合更紧密，能够更充分地吸收 FDI 带来的技术溢出，变模仿创新为以自主创新为主；当要素价格扭曲程度得到控制并能促进比较优势提升时，基于利用廉价的劳动力、土地等要素目的的外商投资会得到抑制，从而提高引资质量，实现加工贸易的转型升级。

为实现各种贸易方式的健康协调发展以及海外经营竞争方式的丰富化，根据本书的理论和实证分析，主要存在以下对策思路：

第一，应正确认识外商直接投资和加工贸易的母国动机，并培育新的 FDI 增长点，使其有利于我国的整体利益。目前生产要素国际流动自由化仅是一种运行趋势，还未真正实现。发达国家由于国内名义工资水平较高，对劳动力自由化存在客观需求，但又受国内利益集团和选民的压力而对其他国家的移民实行严格的主观限制，严重扭曲了国际劳动力市场，发达国家便依靠自身强势地位，大力推行资本自由化，大规模进行海外直接投资，并开展加工贸易。加工贸易方式下，作为劳动力所有方，发展中国家的直接收益必然低于作为资本所有方的发达国家。因此，中国必须培育新的 FDI 增长点，以更高级的充裕要素吸引外商投资，进而增进国内实际收益。应重点培育的高级要素包括：高素质的人力资本，有助于自由、平等、竞争、互助的精神状态形成的正式和非正式制度安排，创新意识和能力，以及将这些要素供应给制造业的交易效率。

第二，应通过提升加工贸易来促进 FDI 技术溢出效应的发挥，提高加工贸易的国内增值幅度。具体为：一是转变加工贸易的主体结构，由外资企业为主转为民营企业为主；二是转变加工贸易的组织方式，由受托型加工转为自主型企业；三是转变加工贸易的生产方式，由物耗型加工转为清洁化生产；四是转变加工贸易的贸易对象，由出口外销转为内外销并行，并促进加工贸易的出口市场多元化。总之，要通过价值链延伸和产业集聚，优化加工贸易升级的动力机制、学习和创新机制等，促进产业链各环节的结合，给企业间中间品交易成本提供更高的压缩空间，使我国制造业环节实现更大增值。

第三，对待各种贸易方式，我国都应采取贸易促进常规化、贸易环节便利化、贸易平台高投资化的战略。在未来的出口市场开拓过程中，应注重对海关特殊监管区、境外经贸合作区等商务平台的投资力度，改变贸易服务环节主要由境外公司提供的现状，加大对同出口贸易有关的研发设计、物流、广告、贸易融资等的投资和扶持力度。同时，应注重对中小企业尤其是小微企业参与对外贸易的信息提供、渠道引导和政策扶持。另外，应以海外经营分销渠道和网络建设为重点，加大对与对外贸易相关的对外直接投资的促进力度。

第四节

对转变开放型经济收益分配格局的启示

我国的产业发展和要素分布存在不均衡性，各地区的对外贸易也深受地理位置和经济发展水平的影响。我国各省域间的外贸规模和出口优势差距非常大。2011 年，进出口额最高的广东高于进出口额最低的青海 980 多倍，出口额最高的广东高于出口额最低的青海 800 多倍，进口额最高的广东高于进口额最低的西藏 2100 多倍，而同期地区 GDP 最高的广东高于地区 GDP 最低的西藏 87 倍。随着我国城市化进程加快，越来越多的中心城市以外的圈层纳入了外贸收益分配体系，大城市、中小城市、小城镇和农村地区在对外贸易中扮演的角色各不相同，其贸易收益也各不相同。农村剩余劳动力外出务工及目前出现的回流现象，不仅凸显我国的人口和劳动力可持续发展问题，还涉及我国产业的区域布局和城乡布局问题，以及外向型产业的布局和收益分配格局。即使能够完成第七章第一节至第三节中所述的外贸要素结构、市场分布和贸易方式及经营方式的转变，如果不考虑开放型经济收益分配格局的调整，也将可能不利于国民收入分配关系的调整与理顺，是与转变外贸发展方式的根本目标背道而驰的。

与本书的理论与实证分析相联系，转变开放型经济收益分配格局主要对应的是国家层面的制度。如果国家层面的制度较为优化合理，且能够以较低的反垄断成本和反腐败成本实现对利益集团寻租行为的控制，则有助于开放型经济的收益分配实现区域间公平、城乡间公平、劳资间公平和行业间公平，从而推动长期外贸利益和比较优势的提升。具体来说，包括以下几点启示和对策：

第一，若国家的财政分权力度过低或地区竞争过于激烈，会促使地方政府寻求更高的预算外收入，或者缩减支持外向型制造业企业开展外贸的支出，阻碍了当地外贸比较优势的培育和提升。对于税源相对较少、投资相对较冷、人均收入较低的欠发达地区来说，这种阻碍作用要比能顺利取得较高预算内外收入的发达地区明显得多。因此，较好的国家层面的制度可以促进开放型经济收益分配的区域间公平。实现外向型经济收益分配的区域间公平，除了要合理平衡财政分权与地方竞争外，还应大力促进外向型制造业的区域梯度转移，实现各地区贸易获利差异的收敛。目前，制造业劳动力向农村地区和中西部地区部分回流的现象，是因为一些原来的先进地区中一些行业的工资增速赶不上该地区的生活成本增速，这说明参与外贸为产业带来的利润率提高是边际递减的，先进地区的企业已难以按照该地区的劳动力价值来支付工资，从而导致了劳动关系的破裂。那么，实践中就需要资本去追逐劳动力，即需要更多的外向型产业，尤其是劳动密集型行业转移到相对后进的地区。

第二，区域性利益集团寻租行为，依托的是其集团规模、市场影响力和行业集中度，即垄断能力。而根据本书的实证与理论分析，垄断的存在可以促使地方政府更容易选择支持寻租，而且垄断越强，获得经济租的利益集团收益越大，同时未获得经济租的行业的外贸利益将遭受更严重的损害。在此情况下，也许整体的贸易利益因消费的弹性较小，而短期内不会受损太大，但必然会带来开放型经济收益分配的行业间不公平，最终阻碍比较优势的提升。实现外向型经济收益分配的行业间公平，除了要合理规制"有规模，无规模经济"的垄断势力外，还应注重在制造业区域梯度转移过程中实现空间优势重组和圈层升级。我国先进地区的资本要素已经积累到了相当的基础，高素质人才相对集中，技术研发能力已经形成了规模经济效应，这些教育资源和制度性优势一时难以实现梯度转移，由地理位置决定的外贸便利性也使得制造业没有全部转移的必要性。因此，制造业梯度转移更多地应该以基于垂直专业化的外包分工与合作为主要模式。这样才能将制造业中的各细分行业实现空间优势互补，各价值链环节实现时序优势传接，进而达到平衡各行业外贸收益的目的。

第三，相当一部分寻租行为都是伴随着公职人员腐败而成行的。当腐败更加普遍时，即使支持寻租的选择对地方政府整体来说是不利的，地方官员也有可能出于个人非法利益而支持寻租。这种模式下的寻租对未分享到经济租的群体乃至整个经济体的利益损害是极其严重的。而且，在制造业的产业工人还难以形成统一声音的情况下，劳方对地方政府的影响力远小于资方，中国的经济学意义上的利益集团基本上都是由资方或企业管理者组成的。因此，严厉惩治和有效预防腐败、制止地方政府的"定向设租"行为，对于寻求外向型经济收益分配的劳资间公平具有重要意义。除此之外，对劳动者的权益保护以及工会改革，加上更多农村转移劳动力的就地就业，能够共同促进外向型经济收益分配的劳资间公平的实现。

第四，目前中国的城镇化进程高速推进，很容易伤害到农民的利益。若制度设计或执行不当，地方政府与大型企业集团构成的政企联盟往往可能主导这一过程。进而，乡镇制造业企业的生产规模和出口能力也因自身原因及地方政府的忽视而有所萎缩。所以，制度设计的合理有序，对促进开放型经济收益分配的城乡间公平的意义不言而喻。除了要加强对垄断和腐败以其导致的寻租的规制力度，还要深入推进财税体制改革，给予地方政府相对等的财权与事权，坚决查办一切土地违法行为，保证土地转让过程中工业用地的比例，尽快回收囤地，满足并监督乡镇制造业企业的用地需求。

第八章
结论与展望

第一节
研究结论

　　本书探究了制度性因素对制造业比较优势的影响。目前，国际和国内研究者都关注到了更广泛的比较优势来源，其中合理的制度安排是一种优质的无形要素，制度的动态调整发展成为各国贸易增长和比较优势提升的重要来源。中国制造业正处在发展转型的战略机遇期，面临着外贸发展方式转变的现实压力，亟须以制度变革为突破口而促进各种要素的均衡增长与结构优化，并形成以最优方式持续提供制度变量的新的比较优势提升机制。根据新制度经济学的现有观点，理性的市场主体致力于维持现有产权并追求剩余权利，而好的制度应保护其对剩余权利的合理追求，规制不合理追求。本书认为，最基本的市场主体是企业，制造业企业在内外部制度环境下进行生产经营活动，投入中间品、生产要素和公共产品，并由此获得收益。然而，对单个企业而言的最优解，对全行业、全地区乃至全国范围来说未必是最有效率的，可能带来各种广义交易成本的增加。因此，制度变量应分别从企业层面、市场层面和国家层面

175

影响企业对中间品、生产要素和公共产品的投入，包括投入的规模、结构与方式。企业层面、市场层面和国家层面制度的提供者分别为上下游企业、要素市场和国家公共政策，而各种制度下的最终决策者和受益主体仍是企业。各种层面的制度通过对广义交易成本的影响，作用于企业的生产效率及其出口意愿和能力。一国制造业比较优势的提升应建立在最大化节约广义交易成本的基础上，因此制度对制造业比较优势具有重要的影响。

本书共分为八章。第一章、第二章、第三章分别为绪论、相关文献评述和理论框架，第四章、第五章、第六章分别为企业层面、市场层面和国家层面对制造业比较优势的影响，第七章为基于转变外贸发展方式的政策含义，第八章为结论与展望。其中，第四章、第五章、第六章、第七章为本书的主体部分。在进行了文献回顾并构建了全文理论框架之后，对企业层面、市场层面和国家层面的制度影响制造业比较优势的机制及实效分别展开理论与实证分析，进而结合中国转变外贸发展方式的现实背景，综合研究如何通过制度安排的调整变革实现外贸要素结构、市场分布和贸易方式以及开放型经济收益分配格局的转变。

在第四章中，本书研究了企业层面的制度对制造业比较优势的影响。本书认为，企业在投入中间品时可能因契约不完全而产生市场成本，因此会倾向于加强垂直一体化，但又由于组织成本的存在而在垂直一体化中受到一定制约，最终根据内外部环境确定均衡的企业边界。而影响这种内外部环境的制度要素被本书称为企业层面的制度，具体包括市场要素和组织要素。二者的提供量的相对变化，能够引起制造业企业的规模经济效应和分工效应的发挥差异，进而影响到其出口优势。在第四章中，本书分别构建了两种范式的理论模型分析市场要素和组织要素的充裕度与密集度对制造业出口优势的影响，得出了"一国在密集使用其充裕要素的产品上具有比较优势"的基本理论命题，并利用中国的经验数据进行了实证分析，结果显示中国各地区制造业出口优势受市场要素的影响为正，受组织要素的影响为负。进而，本书给出了相关的对策建议。

在第五章中，本书研究了市场层面的制度对制造业比较优势的影响。本书认为，企业在投入生产要素时，面对的要素市场是不完全竞争的，要素市场价格可能未反映出要素的真实价值而出现扭曲，而致力于纠正这种扭曲的制度变量就是市场层面的制度。市场层面的制度对制造业比较优势的作用，可能会随着扭曲程度及其转换成本的变动而不同。在第五章中，本书构建了一个"$2 \times 2 \times 2$"模型来分析要素价格扭曲及其纠正措施对比较优势的影响，得出了"一国规制要素价格扭曲的制度努力对比较优势的成效会随着扭曲程度不同而有所差异"的基本理论命题，并利用中国的经验数据进行了实证分析，结果显示致力于纠正资本价格扭曲的金融市场化和致力于纠正劳动力价格扭曲的劳动者保护作为制度变量，越是充裕，就越不利于制造业比较优势的提高，且扭曲程度的加深会加剧这种负向作用。进而，本书给出了相关的对策建议。

在第六章中，本书研究了国家层面的制度对制造业比较优势的影响。本书认为，企业为获得优质公共产品，会结成利益集团向政府寻租，其带来的租耗和错误激励会使经济系统的交易成本增加。国家会通过财税制度调整及对垄断和腐败的控制，实现对寻租行为的规制，这种公共政策努力就是国家层面的制度。不同的财税制度与市场结构、官员行为的搭配，会对利益集团寻租产生不同的作用，而不同的均衡结果下的出口收益和比较优势也会有所不同。在第六章中，本书构建了一个中央—地方政府的博弈模型来分析国家层面的制度安排对比较优势的影响，得出了"地方政府预算内收入和基础税源的扩大有助于贸易利益和比较优势长远发展，而垄断和腐败会对冲这种促进作用"的基本理论命题，并利用中国的经验数据进行了实证分析，结果显示垄断和腐败会阻碍财政分权对比较优势的正向作用，加剧地方竞争对比较优势的负向作用。进而，本书给出了相关的对策建议。

在第七章中，本书研究了以上每章结论对转变外贸发展方式的政策含义。转变外贸发展方式，需要以最低的成本和代价实现外贸要素结构、市场分布和贸易方式及开放型经济收益分配格局的转变，因此需要调整和改进企业层面、市场层面和国家层面的制度，使其发挥出对外贸收益和比较优势的长远促进作用。

总之，本书的研究是以新制度经济学为基本理论范式，以中国制造业转型升级和转变外贸发展方式为现实背景，以企业微观活动为出发点和归宿，以影响企业活动的制度变量的提供主体为划分依据，以统分结合为表述方式，以理论假设和推论为命题先导，以计量分析为命题验证路径的系统性研究。全书的各部分互为支撑、缺一不可。

第二节
进一步研究的方向

在第一章第四节中所提到的不足之处，指的是由于笔者能力及其他条件限制而暂时难以实现的创新点，这些都可以作为将来进一步研究的重点方向。除此之外，还有一些研究方向，笔者还未找到创新点，但仍有研究前景，主要包括如下几点：

第一，委托—代理下的现代企业中，管理者和股东可能会就公司内部的剩余权利展开争夺，因而外向型企业内部控制的相关制度安排也可能会对比较优势产生影响，可以作为未来的研究方向之一。

第二，垂直一体化除了包括国内垂直一体化，还包括跨国垂直一体化，同时，外包包括国内外包，也包括跨国外包，因此各国对待跨国并购和离岸外包的态度及措施也可以构成企业层面的制度，对于一国的比较优势也可能产生重要影响，可以作为未来的研究方向之一。

第三，各生产要素的扭曲程度差异导致对制造业比较优势的影响不同，因此在对市场层面的制度影响比较优势的实证分析中，应把运用行业面板数据的回归分析作为未来的研究方向之一。

第四，现实中，制造业价值增值越来越依赖于生产性服务业的发展，而生产性服务业作为现代服务业的一种，其投入—产出结构和比较优势来源同制造业有很大差异，需要进一步深入分析。

附　录

附录 1：SS 定理的数学证明

对 $p_1 = wa_{1L} + ra_{1K}$，$p_2 = wa_{2L} + ra_{2K}$ 求全微分可得：

$a_{1L} dw + a_{1K} dr = dp_1$，$a_{2L} dw + a_{2K} dr = dp_2$

由此可得：

$$\frac{wa_{iL}}{c_i} \frac{dw}{w} + \frac{ra_{iK}}{c_i} \frac{dr}{r} = \frac{dp_i}{p_i} \rightarrow \theta_{iL}\hat{w} + \theta_{iK}\hat{r} = \hat{p}_i, \quad i = 1，2$$

式中，$\dfrac{dw}{w} = \hat{w}$，其他变量同比；$\theta_{iL} \equiv \dfrac{wa_{iL}}{c_i}$ 和 $\theta_{iK} \equiv \dfrac{ra_{iK}}{c_i}$ 分别

表示部门 i 的劳动力成本和资本成本占全部成本的比重，且 $\theta_{1L} + \theta_{1K} = 1$ 和 $\theta_{2L} + \theta_{2K} = 1$。

写出矩阵形式，并求逆矩阵，可得：

$$\begin{bmatrix} \hat{p}_1 \\ \hat{p}_2 \end{bmatrix} = \begin{bmatrix} \theta_{1L} & \theta_{1K} \\ \theta_{2L} & \theta_{2K} \end{bmatrix} \begin{bmatrix} \hat{w} \\ \hat{r} \end{bmatrix} \rightarrow \begin{bmatrix} \hat{w} \\ \hat{r} \end{bmatrix} = \frac{1}{|\theta|} \begin{bmatrix} \theta_{2K} & -\theta_{1K} \\ -\theta_{2L} & \theta_{1L} \end{bmatrix} \begin{bmatrix} \hat{p}_1 \\ \hat{p}_2 \end{bmatrix}$$

$$\hat{w} = \frac{\theta_{2K}\hat{p}_1 - \theta_{1K}\hat{p}_2}{|\theta|} = \frac{(\theta_{2K} - \theta_{1K})\hat{p}_1 + \theta_{1K}(\hat{p}_1 - \hat{p}_2)}{|\theta|}$$

$$\hat{r} = \frac{\theta_{1L}\hat{p}_2 - \theta_{2L}\hat{p}_1}{|\theta|} = \frac{(\theta_{1L} - \theta_{2L})\hat{p}_2 - \theta_{2L}(\hat{p}_1 - \hat{p}_2)}{|\theta|}$$

式中，$|\theta| = \theta_{1L}\theta_{2K} - \theta_{2L}\theta_{1K} = \theta_{1L}(1 - \theta_{2L}) - (1 - \theta_{1L})\theta_{2L} = \theta_{1L} - \theta_{2L} = \theta_{2K} - \theta_{1K}$。由于产品是劳动力密集型的，这意味着部门 1 使用的劳动力成本份额超过部门 2 使用的劳动力份额，即 $\theta_{1L} > \theta_{2L}$ 和 $\theta_{2K} > \theta_{1K}$，从而 $|\theta| > 0$。如果产品 1 的相对价格上升，即 $\hat{p} = \hat{p}_1 - \hat{p}_2 > 0$，则可得：

$$\left.\begin{array}{l} \hat{w} > \hat{p}_1 > 0 \\ \\ \hat{r} < \hat{p}_2 \end{array}\right\} \rightarrow \hat{w} > \hat{p}_1 > \hat{p}_2 > \hat{r}$$

因此，产品 1 相对价格上升将提高劳动力要素的实际报酬，且有放大效应；当 $\hat{p}_1 > \hat{p}_2 > 0$ 时，两要素的实际报酬均增加，劳动力报酬增加得更多；当 $\hat{p}_1 > 0$ 且 $\hat{p}_2 = 0$ 时，资本的实际报酬下降，即 $\hat{r} < 0$。证毕。

附录 2：支持资本要素所有者的制度变量的标准化数据

年份	X_1	X_2	X_3	X_4	X_5	X_6	X_7
2001	−0.8866	−1.1620	−1.1396	−0.7530	−0.5690	−0.5811	−1.0627
2002	−0.9335	−0.9901	−1.0264	−0.7429	−0.3549	−0.9562	−0.9950
2003	−0.8962	−0.8027	−0.8729	−0.6688	0.1271	−1.0863	−0.7692
2005	−0.9866	−0.5709	−0.5442	−0.6274	−0.4364	−1.0620	−0.6685
2006	−0.4730	−0.3744	−0.3456	−0.5595	−0.6047	−0.7314	−0.5313
2007	1.6701	−0.1276	−0.1004	−0.3448	−0.5648	1.0478	−0.1534
2008	−0.1849	0.1369	0.2037	−0.0120	−0.4277	0.2979	0.3179
2009	0.9201	0.7969	0.7593	0.6181	−0.2317	1.4859	0.8511
2010	1.1137	1.3197	1.2665	2.3970	0.3619	1.1488	1.2072
2011	0.6570	1.7741	1.7995	0.6933	2.7003	0.4367	1.8038

附录 3：2001~2011 年中国的金融市场化指数

年份	主成分分析结果原值	加 10 后的值
2001	−1.0146	8.9854
2002	−0.9888	9.0112
2003	−0.8319	9.1681
2005	−0.7841	9.2159
2006	−0.5700	9.4300

续表

年份	主成分分析结果原值	加10后的值
2007	0.2205	10.2205
2008	0.0829	10.0829
2009	0.8696	10.8696
2010	1.4513	11.4513
2011	1.5651	11.5651

附录4： 财政分权的标准化数据

年份	FD_1	FD_2	FD_3	FD_4
1990	−1.0398	1.4479	−1.7331	0.9158
1991	−0.9680	1.8566	−1.9217	0.9629
1992	−0.7844	2.0274	−2.1065	0.9111
1993	−0.1915	2.6512	0.0148	3.3254
1994	−0.5898	−0.7918	−0.1646	−0.3767
1995	−0.3841	−0.4311	−0.0325	0.1921
1996	0.0369	−0.1499	−0.2838	0.2755
1997	−0.0270	−0.0926	0.5287	0.6860
1998	−0.3258	−0.1616	0.2902	0.5446
1999	−0.8257	−0.3227	−0.1752	0.2423
2000	−1.4670	−0.4316	−0.7178	0.0859
2001	−0.6344	−0.4523	−0.1829	−0.0892
2002	−0.6722	−0.7157	−0.3023	−0.5693
2003	−0.5533	−0.6835	−0.2564	−0.6119
2004	−0.0829	−0.7144	0.0396	−0.7919
2005	0.2805	−0.4429	0.3313	−0.4570
2006	0.5062	−0.4930	0.5383	−0.5714
2007	0.8472	−0.6251	0.7358	−0.9249

年份	FD_1	FD_2	FD_3	FD_4
2008	1.1749	−0.5450	0.9727	−0.9528
2009	1.4355	−0.4563	1.1313	−0.8885
2010	1.8691	−0.3245	1.4698	−0.8648
2011	2.3954	−0.1491	1.8243	−1.0432

附录 5：1990~2011 年中国的财政分权指数

年份	主成分分析结果原值	加 10 后的值
1990	−1.5463	8.4537
1991	−1.7190	8.2810
1992	−1.7596	8.2404
1993	−1.8423	8.1577
1994	0.1270	10.127
1995	−0.0528	9.9472
1996	−0.1212	9.8788
1997	−0.0239	9.9761
1998	−0.1205	9.8795
1999	−0.2696	9.7304
2000	−0.5432	9.4568
2001	−0.0784	9.9216
2002	0.0972	10.0972
2003	0.1491	10.1491
2004	0.4403	10.4403
2005	0.4536	10.4536
2006	0.6329	10.6329
2007	0.9390	10.9390
2008	1.0922	11.0922

续表

年份	主成分分析结果原值	加 10 后的值
2009	1.1705	11.1705
2010	1.3549	11.3549
2011	1.6202	11.6202

附录 6：垄断程度的标准化数据

年份	MON_1	MON_2	MON_3	MON_4	MON_5
1990	0.2806	−0.0499	0.4331	0.3536	0.5830
1991	0.2101	0.0014	0.1624	0.1057	0.5127
1992	0.0535	0.4825	0.4200	0.3890	−0.0863
1993	1.1122	1.2073	0.9109	0.9465	1.3459
1994	0.6425	0.8670	0.1342	0.0654	0.3677
1995	0.7678	0.4167	−0.0268	−0.1272	−0.2251
1996	0.3152	0.1299	0.1092	0.4100	0.1411
1997	0.5930	0.1671	0.1383	0.1635	0.2704
1998	0.6511	0.1262	0.5329	−0.0362	0.4058
1999	0.5149	0.1690	0.3589	−0.0747	0.2649
2000	0.7246	0.3458	0.2276	0.0587	0.5011
2001	0.4663	0.3396	0.4748	0.3170	0.4489
2002	0.4401	0.4775	0.7582	0.4663	0.5128
2003	0.4354	0.6488	0.8413	0.7528	0.5354
2004	0.2550	0.4712	0.5467	0.8799	0.5147
2005	0.2758	0.6569	0.5127	0.9838	0.6153
2006	0.2745	0.7444	0.5431	0.8907	0.5974
2007	0.0182	0.6873	0.9184	1.1525	0.5846
2008	−1.8705	−1.6756	−2.2173	−1.9007	−1.9379

年份	MON₁	MON₂	MON₃	MON₄	MON₅
2009	−2.0376	−1.9844	−1.8631	−2.0487	−1.6832
2010	−2.1018	−2.2601	−1.9087	−1.9472	−2.0374
2011	−2.0210	−1.9685	−2.0066	−1.8005	−2.2317

附录 7：1990~2011 年中国的垄断指数

年份	主成分分析结果原值	加 10 后的值
1990	0.3282	10.3282
1991	0.2037	10.2037
1992	0.2582	10.2582
1993	1.1316	11.1316
1994	0.4249	10.4249
1995	0.1622	10.1622
1996	0.2252	10.2252
1997	0.2714	10.2714
1998	0.3438	10.3438
1999	0.2523	10.2523
2000	0.3796	10.3796
2001	0.4192	10.4192
2002	0.5446	10.5446
2003	0.6590	10.6590
2004	0.5466	10.5466
2005	0.6240	10.6240
2006	0.6254	10.6254
2007	0.6903	10.6903
2008	−1.9671	8.0329

续表

年份	主成分分析结果原值	加 10 后的值
2009	−1.9683	8.0317
2010	−2.1002	7.8998
2011	−2.0546	7.9454

附录 8：基于第六章模型 1 的脉冲响应函数

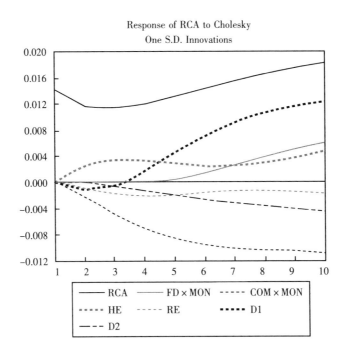

Response of RCA to Cholesky
One S.D. Innovations

附录 9：基于第六章模型 2 的脉冲响应函数

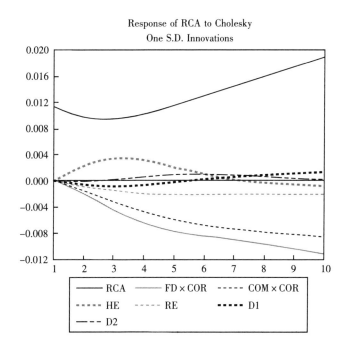

参考文献

［1］Acemoglu, D., Antras, P. and Helpman, E. Contact and Technology Adaptation ［J］. The American Economic Review, 2007, 97 (3): 916-943.

［2］Alchian, A.A. Information Costs, Pricing, and Resource Unemployment ［J］. Western Economic Journal, 1969, 7 (2): 109-128.

［3］Alchian, A.A., Woodward, S. Reflections on the Theory of the Firm ［J］. Journal of Institutional and Theoretical Economics, 1987, 143 (1): 110-137.

［4］Anderson, J.E., Marcouiller, D. Insecurity and the Pattern of Trade: An Empirical Investigation ［J］. The Review of Economics and Statistics, 2002, 84 (2): 342-352.

［5］Antras, P., Hansberg, E.R. Organization and Trade ［J］. Annual Review of Economics, 2009, 1 (1): 43-64.

［6］Araujo, L., Ornelas, E. Trust-Based Trade ［R］. IBMEC BJ Economics Discussion Paper, 2005.

［7］Arrow, K.C., Minhas, B.S. and Solow, R. Capital-Labor Substitution and Economic Efficiency ［J］. The Review of Economics and Statistics, 1961, 43 (3): 225-250.

［8］Arrow, K.J. The Organization of Economic Activity: Issues

Pertinent to the Choice of Market versus Non-Market Allocation [J]. The Analysis and Evaluation of Public Expenditures: The PBB-System, 1969, 1（1）: 59-73.

[9] Bain, J.S. Relation of Profit Rate to Industry Concentration: American Manufacturing, 1936-1940 [J]. The Quarterly Journal of Economics, 1951, 65（3）: 293-324.

[10] Barzel, Y. Measurement Cost and the Organization of Markets [J]. Journal of Law and Economics, 1982, 25（1）: 27-48.

[11] Barzel, Y. Economic Analysis of Property Rights [M]. Cambridge: Cambridge University Press, 1997.

[12] Beck, T. Financial Dependence and International Trade [J]. Review of International Economics, 2003, 11（2）: 296-316.

[13] Berkowitz, D., Johannes, M. and Katharina, P. Trade, Law and Product Complexity [J]. The Review of Economics and Statistics, 2006, 88（2）: 363-373.

[14] Bernard, A.B., Sredding and Schott, P.K. Comparative Advantage and Geterogeneous Firms [J]. Review of Economic Studies, 2007, 74（1）: 31-66.

[15] Bernstein, L. Opting Out of the Legal System: Extralegal Contractual Relations in the Diamond Industry [J]. The Journal of Legal Studies, 1992, 21（1）: 115-157.

[16] Bhagwati, J.N. Trade-Diverting Customs Unions and Welfare -Improvement: A Clarification [J]. The Economic Journal, 1971, 81（3）: 580-587.

[17] Bhagwati, J.N., Chakravarty, S. Contributions to Indian Economic Analysis: A Survey [J]. The American Economic Review, 1969, 59（4）: 1-73.

[18] Bhagwati, J.N., Ramaswami, V.K. and Srinivasan, T. N. Domestic Distortions, Tariffs, and the Theory of Optimum Subsidy: Some Further Results [J]. Journal of Political Economy, 1969, 77 (6): 1005-1010.

[19] Bonham, C., Gangnes, B. and Van Assche, A. Fragmentation and East Asia's Information Technology Trade [J]. Applied Economics, 2007, 39 (2): 215-228.

[20] Bowen, H.P., Leamer, E.E. and Sveikauskas, L. Multicourntry, Multifactor Tests of the Factor Abundance Theory [J]. The American Economic Review, 1987, 77 (5): 791-809.

[21] Brander, J.A. Intra-Industry Trade in Identical Commodities [J]. Journal of International Economics, 1981, 11 (1): 1-14.

[22] Brander, J.A., Krugman, P.R. A Reciprocal Dumping Model of International Trade [J]. Journal of International Economics, 1983, 13 (3-4): 313-321.

[23] Chacholiades, M. International Trade Theory and Policy [M]. New York: McGraw-Hill, 1978.

[24] Chenery, H.B. The Structuralist Approach to Development Policy [J]. The American Economic Review, 1975, 65 (2): 310-316.

[25] Chenery, H.B., Tsunehiko, W. International Comparisons of the Structure of Production [J]. Econometrica, 1958, 26 (4): 487-521.

[26] Cheung, S.N.S. Transaction Costs, Risk Aversion, and the Choice of Contractual Arrangements [J]. Journal of Law and Economics, 1969, 12 (1): 23-42.

[27] Cheung, S.N.S. The Contractual Nature of the Firm [J].

Journal of Law and Economics, 1983, 26（1）: 1-22.

［28］ Chor, D. Unpacking Sources of Comparative Advantage: A Quantitative Approach ［R］. Singapore Management University Working Paper, 2007.

［29］ Coase, R.H. The Nature of the Firm ［J］. Economica, 1937, 4（16）: 386-405.

［30］ Coase, R.H. The Problem of Social Cost ［J］. Journal of Law and Economics, 1960, 3（1）: 1-44.

［31］ Costinot, A. Contract Enforcement, Division of Labor and the Pattern of Trade ［R］. Princeton University Working Paper, 2004.

［32］ David, R. The Principles of Political Economy and Taxation ［M］. First Published, 1817.

［33］ Dixit, A. Trade Expansion and Contract Enforcement ［J］. Journal of Political Economy, 2003, 111（6）: 1293-1317.

［34］ Dixit, A. Lawless and Economics: Alternative Modes of Governance ［M］. Princeton: Princeton University Press, 2004.

［35］ Dixit, A., Grossman, G.M. and Helpman, E. Common Agency and Coordination: General Theory and Application to Government Policy Making ［J］. Journal of Political Economy, 1997, 105（4）: 752-769.

［36］ Eisenhardt, K.M., Zbaracki, M.J. Strategic Decision Making ［J］. Strategic Management Journal, 1992, 13（S2）: 17-37.

［37］ Ethier, W. Some of the Theorems of International Trade with Many Goods and Factors ［J］. The Stolper-Samuelson Theorem: A Golden Jubilee, 1994, 4（344）: 148.

[38] Falvey, R. Commercial Policy and Intra-Industry Trade [J]. Journal of International Economics, 1981, 11 (4): 495-511.

[39] Fama, E., Jensen, M. Separation of Ownership and Control [J]. Journal of Law and Economics, 1983, 26 (2): 301-325.

[40] Gilpin, R. War and Change in World Politics [M]. Cambridge: Cambridge University Press, 1981.

[41] Greif, A. Institutions and International Trade: Lessons from the Commercial Revolution [J]. The American Economic Review, 1992, 82 (2): 128-133.

[42] Greif, A. Cultural Beliefs and the Organization of Society: A Historical and Theoretical Reflection on Collectivist and Individualist Societies [J]. Journal of Political Economy, 1994, 102 (5): 912-950.

[43] Greif, A. Contracting, Enforcement and Efficiency: Economics beyond the Law [A]. WB. Annual World Bank Conference on Development Economics [C]. Washington: The World Bank, 1997.

[44] Grossman, G.M., Helpman, E. Managerial Incentives and the International Organization of Production [J]. Journal of International Economics, 2004, 63 (2): 237-262.

[45] Grossman, G.M., Helpman, E. Innovation and Growth in the Global Economy [M]. Cambridge, Mass: MIT Press, 1991.

[46] Grossman, G.M., Helpman, E. Electoral Competition and Special Interest Politics [J]. Review of Economic Studies, 1996, 63 (2): 265-286.

[47] Grossman, G.M., Helpman, E. Competing for Endorse-

ments [J]. The American Economic Review, 1999, 89 (3): 501–524.

[48] Grossman, G.M., Helpman, E. Integration versus Outsourcing in Industry Equilibrium [J]. The Quarterly Journal of Economics, 2002, 117 (1): 85–120.

[49] Grossman, G.M., Helpman, E. Protection for Sale [J]. The American Economic Review, 1994, 84 (4): 833–850.

[50] Grossman, G.M., Helpman, E. Trade Wars and Trade Talks [J]. Journal of Political Economy, 1995, 103 (4): 675–708.

[51] Grossman, S., Hart, O. The Costs and Benefits of Ownership: A Theory of Vertical and Lateral Integration [J]. Journal of Political Economy, 1986, 94 (4): 691–719.

[52] Haberler, G. Some Problems in the Pure Theory of International Trade [J]. The Economic Journal, 1950, 60 (238): 223–240.

[53] Hagen, E.E. An Economic Justification of Protectionism [J]. The Quarterly Journal of Economics, 1958, 72 (4): 496–514.

[54] Hart, O., Moore, J. Property Rights and Nature of the Firm [J]. Journal of Political Economy, 1990, 98 (6): 1119–1158.

[55] Haucap, J., Wey, C. and Barmbold, J. Location Choice and Implicit Franchise Contracts [R]. Department of Economics, University of Saarland Discussion Paper, 1995 (9506).

[56] Head, K.C., Ries, J.C. Rationalization Effects of Tariff Reduction [J]. Journal of International Economics, 1999, 47 (2): 295–320.

[57] Heckscher, E. The Effect of Foreign Trade on the Distribution of Income [M]. Ekonomisk Tidskrift, 1919.

［58］Hodgson, G. Institutional Economics: Surveying the Old and New ［J］. Metroeconomica, 1993, 44（1）: 1-28.

［59］Hodgson, G. The Approach of Institutional Economics ［J］. Journal of Economic Literature, 1998, 36（1）: 166-192.

［60］Hongbin, L., Li-An, Z. Political Turnover and Economic Performance: The Incentive Role of Personnel Control in China ［J］. Journal of Public Economics, 2005, 89（9-10）: 1743-1762.

［61］Hsieh, C.T., Klenow, P. Misallocation and Manufacturing TFP in China and India ［J］. The Quarterly Journal of Economics, 2009, 124（4）: 1403-1448.

［62］Hunter, L.C., Markusen, J.R. Per Capita Income as a Determinant of Trade ［A］. Feenstra Empirical Methods for International Trade ［C］. Cambridge, Mass: MIT Press, 1988.

［63］James, E.A., Martin, L.L. Contracting and the Possibility of Multilateral Enforcement: Comment ［J］. Journal of Institutional and Theoretical Economics, 1994, 150（1）: 265-271.

［64］James, E.R., Alessandra, C. Overcoming Informational Barriers to International Resource Allocation: Prices and Ties ［J］. The Economic Journal, 2003, 113（484）: 21-42.

［65］James, E.R., Trindade, V. Ethnic Chinese Networks in International Trade ［J］. The Review of Economics and Statistics, 2002, 84（1）: 116-130.

［66］James, S.A., Rebel, A.C. and James, W.L. Agency Costs and Ownership Structure ［J］. The Journal of Finance, 2000, 55（1）: 81-106.

［67］Jensen, M.C. Organization Theory and Methodology ［J］. The Accouting Review, 1983, 58（2）: 319-339.

［68］ Jensen, M.C., Meckling, W.H. Theory of the Firm: Managerial Behavior, Agency Costs and Ownership Structure ［J］. Journal of Financial Economics, 1976, 3 (4): 305-360.

［69］ Klein, B., Crawford, R.G. and Alchian, A.A. Vertical Integration, Appropriable Rents, and the Competitive Contracting Process ［J］. Journal of Law and Economics, 1978, 21 (2): 297-326.

［70］ Kreps, D.M. Corporate Culture and Economic Theory ［A］. J.E. Alt. Perspectives on Positive Political Economy ［C］. Cambridge: Cambridge University Press, 1990.

［71］ Kronman, A.T. Contract Law and the State of Nature ［J］. Journal of Law, Economics & Organization, 1985, 1 (1): 5-32.

［72］ Krugman, P.R. Increasing Returns, Monopolistic Competition, and International Trade ［J］. Journal of International Economics, 1979, 9 (4): 469-479.

［73］ Krugman, P.R. Scale Economies, Product Differentiation, and the Pattern of International Trade ［J］. The American Economic Review, 1980, 70 (5): 950-959.

［74］ Krugman, P.R. The Narrow Moving Band, the Dutch Disease, and the Competitive Consequences of Mrs. Thatcher: Notes on Trade in the Presence of Dynamic Scale Economies ［J］. Journal of Development Economics, 1987, 27 (1-2): 41-55.

［75］ Kui-yin, C., Ping, L. Spillover Effects of FDI on Innovation in China: Evidence from the Provincial Data ［J］. China Economic Review, 2004, 15 (1): 25-44.

［76］ Kuznets, S.S. Economic Growth of Nations: Total Output

and Production Structure [M]. Cambridge: Belknap Press of Har-vard University Press, 1971.

[77] Lancaster, K.J. Intra-Industry Trade under Perfect Mo-nopolistic Competition [J]. Journal of International Economics, 1980, 10 (2): 151-175.

[78] Leamer, E.E. Leontief Paradox, Reconsidered [J]. Jour-nal of Political Economy, 1980, 88 (3): 495-503.

[79] Leontief, W. Structure of the American Economy, 1919-1929 [M]. New York: Oxford University Press, 1941.

[80] Lerner, A.P. Factor Prices and International Trade [J]. Econimica, 1952, 19 (73): 1-15.

[81] Levchenko, A.A. Institutional Quality and International Trade [R]. IMF Working Paper, 2004 (4): 231.

[82] Levchenko, A.A. Institutional Quality and International Trade [J]. The Review of Economic Studies, 2007, 74 (3): 791-819.

[83] Lewis, W.A. Economic Development with Unlimited Sup-plies of Labour [J]. The Manchester School, 1954, 22 (2): 139-191.

[84] Lucas, R. On the Mechanism of Economic Development [J]. Journal of Monetary Economics, 1988, 22 (1): 3-42.

[85] Lucas, R. Making a Miracle [J]. Econometrica, 1993, 61 (2): 251-272.

[86] Magee, S.P., Brock, W.A. and Young, L. Black Hole Tariffs and Endogenous Policy Theory [M]. Cambridge: Cambridge University Press, 1989.

[87] Manova, K. Credit Constraints, Equity Market Liberal-

izations and International Trade［J］. Journal of International Eco-nomics，2008，76（1）：33-47.

［88］ Margaret，L. Of Rule and Revenue［M］. Berkeley：University of California Press，1988.

［89］ McGilvray，J.，Simpson，D. The Commodity Structure of Anglo-Irish Trade［J］. The Review of Economics and Statistics，1973，55（4）：451-458.

［90］ McLaren，J. Globalization and Vertical Structure［J］. The American Economic Review，2000，90（5）：1239-1254.

［91］ Melitz，M. The Impact of Trade Intra-Indusy Realloca-tions and Aggregate Industry Productivity［J］. Econometrica，2003，71（6）：295-316.

［92］ Miller，G.J. Managerial Dilemmas：The Political Economy of Hierarchy［M］. Cambridge：Cambridge University Press，1992.

［93］ Minhas，B.S. The Homohypallagic Production Function，Factor-Intensity Reversals，and the Heckscher-Ohlin Theorem［J］. Journal of Political Economy，1962，70（2）：138-156.

［94］ Moe，T.M. Political Institutions：The Neglected Side of the Story［J］. Journal of Law，Economics & Organization，1990，6（1）：213-253.

［95］ Moe，T.M. Politics and the Theory of Organization［J］. Journal of Law，Economics & Organization，1991，7（S1）：106-129.

［96］ Moe，T.M.，Chubb，J.E. Politics，Markets，and Amer-ica's Schools［M］. Washington：Brookings Institution Press，1990.

［97］ Morrow，P.M. East is East and West is West：A Ricar-dian-Heckscher-Ohlin Model of Comparative Advantage［R］. University of Toronto Working Paper, 2007.

[98] Mulherin, J.H., Netter, J.M. and Overdahl, J.A. Prices are Property: The Organization of Financial Exchanges from a Transaction Cost Perspective [J]. Journal of Law and Economics, 1991, 34 (2): 591-644.

[99] Nelson, P. Information and Consumer Behavior [J]. Journal of Political Economy, 1970, 78 (2): 311-329.

[100] Niehans, J. Money and Barter in General Equilibrium with Transaction Costs [J]. The American Economic Review, 1971, 61 (5): 773-783.

[101] Niehans, J. Interest and Credit in General Equilibrium with Transaction Costs [J]. The American Economic Review, 1975, 65 (4): 548-566.

[102] North, D.C. Intitutions, Institutional Change, and Economic Performance [M]. Carmbridge: Carmbridge University Press, 1990.

[103] North, D.C. Structure and Change in Economic History [M]. New York and London: Norton, 1981.

[104] North, D.C. Economic Performance through Time [J]. The American Economic Review, 1994, 84 (3): 359-368.

[105] Nunn, N. Relationship-Specificity, Incomplete Contracts, and the Pattern of Trade [J]. The Quarterly Journal of Economics, 2007, 122 (2): 569-600.

[106] Ohlin, B. Interregional and International Trade [M]. Cambridge: Harvard University Press, 1933.

[107] Olson, M. The Logic of Collective Action: Public Goods and the Theory of Groups [M]. Cambridge: Harvard University

Press, 1965.

[108] Olson, M. The Rise and Decline of Nations: Economic Growth, Stagflation, and Social Rigidities [M]. New Haven: Yale University Press, 1982.

[109] Perroux, P.F. Prise de vues sur la croissance de l'économie française, 1780 –1950 [J]. Review of Income and Wealth, 1955, 5 (1): 41–78.

[110] Quesnay, F. Le Tableau Économic [M]. Paris: First Published, 1758.

[111] Ragnar, N. Problems of Capital Formation in Underde-veloped Countries [M]. New York: Basil Blackwell, 1953.

[112] Ranjan, P., Lee, J.Y. Contract Enforcement and Inter-national Trade [R]. Princeton University Working Paper, 2005.

[113] Richter, R. Money: Lectures on the Basis of General Equilibrium Thoery and the Economics of Institutions [M]. Herdel-berg: Springer, 1989.

[114] Rodan, P.N.R. Problems of Industrialisation of Eastern and South –Eastern Europe [J]. The Economic Journal, 1943, 53 (210/211): 202–211.

[115] Rostow, W.W. The United States in the World Arena: An Essay in Recent History [M]. New York: Harper, 1960.

[116] Rybczynski, T.M. Factor Endowments and Relative Commodity Prices [J]. Econimica, 1955, 22 (88): 336–341.

[117] Sachs, J., Yang, X. and Zhang, D. Patterns of Trade and Economic Development in the Model of Monopolistic Competition [J]. Review of Development Economics, 2002, 6 (1): 1–25.

[118] Sailors, J.W., Bronson, W.D. An Empirical Study of

the Ricardian Theory of Comparative Cost [J]. The Indian Economic Journal, 1970 (18): 1-16.

[119] Samuelson, P.A. Ohlin was Right [J]. Swedish Journal of Econimics, 1971, 73 (4): 365-384.

[120] Samuelson, P.A. International Trade and the Equalisation of Factor Prices [J]. The Economic Journal, 1948, 58 (230): 163-184.

[121] Samuelson, P.A. International Factor-price Equalization once again [J]. The Economic Journal, 1949, 59 (234): 181-197.

[122] Schweinberger, A.G. Medium Run Recource Allocation and Short Run Capital Specificity [J]. The Economlc Journal, 1980, 90 (358): 330-340.

[123] Stigler, G.J. The Law and Economics of Public Policy: A Plea to Scholars [J]. Journal of Legal Studies, 1972, 1 (1): 1-12.

[124] Stolper, W., Samuelson, P.A. Prctection and Real Wages [J]. The Review of Economic Studies, 1941, 9 (1): 58-73.

[125] Trefler, D. International Factor Price Differences: Leontief Was Right! [J]. Journal of Political Economy, 1993, 101 (6): 961-987.

[126] Trefler, D. The Case of Missing Trade and Other Mysteries [J]. The American Economic Review, 1995, 85 (5): 1029-1046.

[127] Trefler, D. The Long and Short of the Canada-U.S. Free Trade Agreement [R]. NBER Working Paper, 2001 (8293).

[128] Vanek, J. The Factor Proportions Theory: the N-Factor Case [J]. Kyklos, 1968, 21 (4): 749-756.

[129] Vernon, R. International Investment and International

Trade in the Product Cycle ［J］. The Quarterly Journal of Economics，1966，80（2）：190-207.

［130］ Viner，J. Studies in the Theory of International Trade ［M］. New York：Harper & Brother，1937.

［131］ Weinggast，B.R. The Economic Role of Political Institutions：Market Preserving Federatlism and Economic Development ［J］. Journal of Law，Economics & Organization，1995，11（1）：1-31.

［132］ Williamson，O.E. The Economic Institution of Capitalism ［M］. New York：Free Press，1985.

［133］ Williamson，O.E. Markets and Hierarchies：Analysis and Antitrust Implication ［M］. New York：Free Press，1975.

［134］ Williamson，O.E. The Vertical Integration of Production：Market Failure Considerations ［J］. The American Economic Review，1971，61（2）：112-123.

［135］ Williamson，O.E. Transaction-Cost Economics：The Governance of Contravtual Relations ［J］. Journal of Law and Economics，1979，22（2）：233-261.

［136］ Williamson，O.E. Economic Institutions：Spontaneous and Intertional Governance ［J］. Journal of Law，Economics & Organization，1991，7（1）：159-187.

［137］ Yong-Seok，C.，Krishna，P. The Factor Content of Bilateral Trade：An Empirical Test ［J］. Journal of Political Economy，2004，112（4）：887-914.

［138］ Young，A. Learning by Doing and Dynamic Effects of International Trade ［J］. The Quarterly Journal of Economics，1991，106（2）：369-405.

［139］埃里克·弗鲁博顿，鲁道夫·芮切特.新制度经济学：一个交易费用分析范式［M］.上海：上海三联书店，2006.

［140］巴曙松.制造业转移步伐加大［N］.江苏经济报，2012-08-15.

［141］白嘉.模块化产业组织、技术创新与产业升级［D］.西北大学博士学位论文，2012.

［142］白永秀，吴航.2012年世界经济走势及其对策［J］.西北大学学报（哲学社会科学版），2012，42（2）：103-108.

［143］包群，阳佳余.金融发展影响了中国工业制成品出口的比较优势吗［J］.世界经济，2008（3）：21-33.

［144］保罗·克鲁格曼，毛瑞斯·奥伯斯法尔德.国际经济学（第五版）［M］.北京：中国人民大学出版社，2001.

［145］陈策，赵景峰.异质性厂商贸易理论研究综述［J］.首都经济贸易大学学报，2010（3）：94-101.

［146］陈立敏.波特与李嘉图的契合点——从国家竞争力角度对竞争优势理论和比较优势理论框架及核心概念的对比分析［J］.南大商学评论，2006，11（4）：70-80.

［147］陈其林，韩晓婷.准公共产品的性质：定义、分类依据及其类别［J］.经济学家，2010（7）：13-21.

［148］陈永伟，胡伟民.价格扭曲、要素错配和效率损失：理论和应用［J］.经济学（季刊），2011，10（4）：1401-1422.

［149］程大中.国际贸易：理论与经验分析［M］.上海：格致出版社，2009.

［150］崔兵，卢现祥.巴泽尔新制度经济学理论架构探究［J］.经济评论，2007（5）：134-139.

［151］道格拉斯·诺思.经济史中的结构和变迁［M］.上海：上海三联书店，1994.

［152］迪屈奇.交易成本经济学［M］.北京：经济科学出版社，1999.

［153］多米尼克·萨尔瓦托.国际经济学（第五版）［M］.北京：清华大学出版社，1998.

［154］樊纲，王小鲁.中国市场化指数：各地区市场化相对进程 2004 年度报告［M］.北京：经济科学出版社，2004.

［155］方晋.交易效率、市场规模与贸易发展——新兴古典贸易理论的一个实证检验［J］.数量经济技术经济研究，2004（9）：46-51.

［156］傅勇.财政分权、政府治理与非经济性公共物品供给［J］.经济研究，2010（8）：4-15.

［157］高觉民，李晓慧.生产性服务业与制造业的互动机理：理论与实证［J］.中国工业经济，2011（6）：151-160.

［158］高越，李荣林.分割生产与产业内贸易：一个基于DS 垄断竞争的模型［J］.世界经济，2008（5）：13-23.

［159］韩民春，徐姗.国外动态比较优势理论的演进［J］.国外社会科学，2009（3）：46-52.

［160］韩云.提高区域制造业长期抗风险能力与招商引资模式创新——以苏州市为例［J］.科技进步与对策，2008，25（12）：69-71.

［161］赫勒·迈因特，陈露.国际贸易与国内制度框架［J］.经济社会体制比较，2002（6）：91-94.

［162］洪银兴.从比较优势到竞争优势——兼论国际贸易的比较利益理论的缺陷［J］.经济研究，1997（6）：20-26.

［163］洪银兴.以创新支持开放模式转换——再论由比较优势转向竞争优势［J］.经济学动态，2010（11）：27-32.

［164］侯经川，黄祖辉，钱文荣.比较优势与制度安排［J］.

公共管理学报，2006（4）：31-39.

［165］黄先海，韦畅.中国制造业出口垂直专业化程度的测度与分析［J］.管理世界，2007（4）：158-159.

［166］黄亚钧.国际价值的形成与国际贸易的不等价交换——论价值规律在国际上应用的重大变化［J］.复旦学报（社会科学版），1983（4）：7-12.

［167］黄志启，赵景峰."中国模式"的制度解释：基于两种理论的比较与评判［J］.经济学家，2010（9）：41-48.

［168］季建伟.基于"套牢"效应的企业边界分析［J］.经济科学，2003（1）：49-53.

［169］贾康，刘军民.政策性金融与中国的现代化赶超战略——兼与林毅夫教授商榷［J］.财政研究，2010（1）：2-8.

［170］贾明德，董秘刚.国际贸易学［M］.西安：陕西人民出版社，2004.

［171］贾明德，李灵燕.契约的不完全性与敲竹杠问题［J］.经济学动态，2002（7）：67-70.

［172］剧锦文.企业的比较优势与企业制度的选择和变迁——以中国私营有限责任公司的发展为例［J］.中国工业经济，2008（3）：67-75.

［173］柯兰德.新古典政治经济学［M］.长春：长春出版社，2005.

［174］柯武刚，史漫飞.制度经济学［M］.北京：商务印书馆，2002.

［175］肯尼思·华尔兹.人、国家与战争——一种理论分析［M］.上海：上海世纪出版集团，2012.

［176］赖永剑，朱卫平.异质性的技术俱乐部与中国地区工业增长——基于潜类别随机前沿模型的研究［J］.数量经济技术

经济研究，2011（6）：107-119.

[177] 郎咸平. 中国真正的危机是制造业危机［J］. IT 时代周刊，2010（15）：12.

[178] 郎永清. 国际分工格局的形成及其意义——兼评林毅夫教授的比较优势战略理论［J］. 国际贸易问题，2004（8）：8-11.

[179] 李春顶. 中国出口企业是否存在"生产率悖论"：基于中国制造业企业数据的检验［J］. 世界经济，2010（7）：64-81.

[180] 李春顶. 新一轮贸易理论文献综述［J］. 世界经济文汇，2010（1）：102-117.

[181] 李光德. SPS 契约剩余控制权的管制研究［J］. 同济大学学报（社会科学版），2011，22（3）：118-124.

[182] 李国平，张云. 附加环境因素：传统比较优势理论的扩展［J］. 中国人口·资源与环境，2004，14（4）：6-10.

[183] 李冀，严汉平，刘世锦. 关于地方政府国有土地差异化出让行为动机的经验分析［J］. 经济科学，2012（1）：27-38.

[184] 李金华. 中国现代制造业体系的构建［J］. 财经问题研究，2010（4）：3-12.

[185] 李坤望，王永进. 契约执行效率与地区出口绩效差异——基于行业特征的经验分析［J］. 经济学（季刊），2010，9（3）：1107-1128.

[186] 李森，刘中青. 缩小地区经济发展差距与制度供给［J］. 山东财政学院学报，2007（1）：13-16.

[187] 李文溥，李静. 要素比价扭曲、过度资本深化与劳动报酬比重下降［J］. 学术月刊，2011（2）：68-77.

[188] 梁琦，张二震. 比较利益理论再探讨——与杨小凯、张永生先生商榷［J］. 经济学（季刊），2002，2（1）：239-250.

[189] 梁若冰. 财政分权下的晋升激励、部门利益与土地违法 [J]. 经济学（季刊），2010，9（1）：283-306.

[190] 廖国民. 入世后中国的贸易战略比较优势还是选择性赶超？[J]. 上海经济研究，2003（5）：3-10.

[191] 林春山. 新政治经济学视角下的中国贸易政策调整与转型研究 [D]. 复旦大学博士学位论文，2011.

[192] 林火灿. 只有创新才能延续制造业优势 [N]. 经济日报，2012-09-12.

[193] 林江，孙辉，黄亮雄. 财政分权、晋升激励和地方政府义务教育供给 [J]. 财贸经济，2011（1）：34-40.

[194] 林毅夫. 经济发展与转型——思潮、战略与自生能力 [M]. 北京：北京大学出版社，2008.

[195] 林毅夫. 李约瑟之谜、韦伯疑问和中国的奇迹——自宋以来的长期经济发展 [J]. 北京大学学报（哲学社会科学版），2007，44（4）：5-22.

[196] 林毅夫，蔡昉，李周. 中国的奇迹：发展战略与经济改革 [M]. 上海：上海三联书店，1999.

[197] 林毅夫，潘士远，刘明兴. 技术选择、制度与经济发展 [J]. 经济学（季刊），2006，5（3）：695-714.

[198] 林毅夫，张鹏飞. 后发优势、技术引进和落后国家的经济增长 [J]. 经济学（季刊），2005，5（1）：53-74.

[199] 刘斌，李磊，朱彤. 契约执行效率与最优投资的主体差异 [J]. 当代经济科学，2011，33（3）：26-32.

[200] 刘秉镰，林坦. 制造业物流外包与生产率的关系研究 [J]. 中国工业经济，2010（9）：67-77.

[201] 刘航，赵景峰，吴航. 中国刘易斯转折点到来与对外贸易政策转型 [J]. 中国人口·资源与环境，2011，21（S2）：

21–24.

[202] 刘戒骄.生产分割与制造业国际分工——以苹果、波音和英特尔为案例的分析 [J].中国工业经济，2011（4）：148–157.

[203] 刘厉兵，汪洋.自然灾害、多源比较优势与产业层次贸易流动——基于新李嘉图理论视角 [J].管理世界，2011（12）：172–173.

[204] 刘厉兵，汪洋.比较优势动因分析新思维与我国经济发展战略 [J].产业经济研究，2008（6）：60–68.

[205] 刘民婷，孙卫.基于 DEA 方法的产学研合作效率评价研究——以陕西省制造业为例 [J].科学学与科学技术管理，2011，32（3）：11–15.

[206] 刘沁清，邵挺.人民币汇率变动对我国制造业的影响——基于投入产出表的分析和测算 [J].上海经济研究，2011（8）：54–62.

[207] 刘瑞明，白永秀.晋升激励、宏观调控与经济周期：一个政治经济学框架 [J].南开经济研究，2008（5）：19–31.

[208] 刘锡田.制度性公共物品的特征和作用 [J].财政研究，2005（9）：12–14.

[209] 刘志迎，丰志培.产业关联理论的历史演变及评述 [J].产业与科技论坛，2006（1）：6–9.

[210] 龙勇，赵艳玲.企业战略联盟组织模式选择模型及效率边界内涵研究 [J].软科学，2011，25（3）：100–104.

[211] 卢现祥.新制度经济学（第二版）[M].武汉：武汉大学出版社，2011.

[212] 吕福新.产权的经济学和管理学分析——读与评巴泽尔《产权的经济分析》[J].管理世界，2005（12）：166–169.

［213］罗纳德·科斯，道格拉斯·诺思，奥利弗·威廉姆森. 制度、契约与组织：从新制度经济学角度的透视［M］. 上海：上海财经大学出版社，2003.

［214］马尔科姆·卢瑟福. 经济学中的制度：老制度主义与新制度主义［M］. 北京：中国社会科学出版社，1999.

［215］马光荣，杨恩艳. 打到底线的竞争——财政分权、政府目标与公共品的提供［J］. 经济评论，2010（6）：59-69.

［216］马克思. 资本论（第2卷）［M］. 北京：人民出版社，1975.

［217］孟祺. 垂直专业化对内资企业有技术溢出效应吗？［J］. 科研管理，2010（4）：91-97.

［218］欧阳日辉，徐光东. 新制度经济学：发展历程、方法论和研究纲领［J］. 南开经济研究，2004（6）：3-9.

［219］裴长洪，彭磊，郑文. 转变外贸发展方式的经验与理论分析——中国应对国际金融危机冲击的一种总结［J］. 中国社会科学，2011（1）：77-87.

［220］钱学锋，王胜，黄云湖，王菊蓉. 进口种类与中国制造业全要素生产率［J］. 世界经济，2011（5）：3-25.

［221］邱斌，尹威. 中国制造业出口是否存在本土市场效应［J］. 世界经济，2010（7）：44-63.

［222］邱灵，申玉铭，任旺兵. 北京生产性服务业与制造业的关联及空间分布［J］. 地理学报，2008，63（12）：1299-1310.

［223］茹玉骢. 合约实施效率与中国地区产业比较优势研究［D］. 浙江大学博士学位论文，2009.

［224］阮建青，张晓波，卫龙宝. 危机与制造业产业集群的质量升级［J］. 管理世界，2010（2）：69-79.

［225］商务部研究院课题组. 加快转变外贸发展方式的理论

与实践［J］. 国际贸易，2012（6）：27-35.

　　［226］沈能，刘凤朝，赵建强. 财政分权、金融深化与地区国际贸易发展［J］. 财贸经济，2006（1）：41-45.

　　［227］盛斌，马涛. 中国工业部门垂直专业化与国内技术含量的关系研究［J］. 世界经济研究，2008（8）：61-67.

　　［228］盛洪，陈郁. 科斯的新制度经济理论［J］. 世界经济研究，1990（2）：73-76.

　　［229］盛仕斌，徐海. 要素价格扭曲的就业效应研究［J］. 经济研究，1999（5）：66-72.

　　［230］施炳展，冼国明. 要素价格扭曲与中国工业企业出口行为［J］. 中国工业经济，2012（2）：47-56.

　　［231］孙蚌珠，刘翰飞. 中国财政分权的数量化度量及其地区间差距——基于 1979~2008 年省级面板数据［J］. 经济理论与经济管理，2010（5）：5-13.

　　［232］孙杰. 克鲁格曼的理论"接口"和诺斯的"贸易由制度启动"命题——关于贸易理论的发展和制度创新比较优势的思考［J］. 经济研究，1997（12）：61-68.

　　［233］孙早，刘坤. 政企联盟与地方竞争的困局［J］. 中国工业经济，2012（2）：5-15.

　　［234］孙早，张敏，刘文璨. 后危机时代的大国产业战略与新兴战略产业的发展［J］. 经济学家，2010（9）：84-95.

　　［235］谭庆刚. 新制度经济学导论——分析框架与中国实践［M］. 北京：清华大学出版社，2011.

　　［236］唐根年，沈沁，管志伟，徐维祥. 中国东南沿海制造业集聚过度及其生产要素拥挤实证研究［J］. 经济地理，2010，30（2）：263-267.

　　［237］唐强荣，徐学军，何自力. 生产性服务业与制造业共

生发展模型及实证研究［J］.南开管理评论，2009，12（3）：20-26.

［238］陶小马，邢建武，黄鑫，周雯.中国工业部门的能源价格扭曲与要素替代研究［J］.数量经济技术经济研究，2009（11）：3-16.

［239］汪丁丁.制度分析基础——一个面向宽带网时代的讲义［M］.北京：社会科学文献出版社，2002.

［240］王世军.综合比较优势理论与实证研究［M］.北京：中国社会科学出版社，2007.

［241］王庭东.消除政策扭曲，实现动态比较优势［J］.山东经济，2007（6）：14-15.

［242］王晓东，张昊.中国国内市场分割的非政府因素探析——流通的渠道、组织与统一市场构建［J］.财贸经济，2012（11）：85-92.

［243］王燕武，王俊海.地方政府行为与地区产业结构趋同的理论及实证分析［J］.南开经济研究，2009（4）：33-49.

［244］王元颖.关税保护与动态比较优势的理论与经验分析［D］.浙江大学博士学位论文，2005.

［245］卫迎春.我国制造业国际市场竞争力的发展趋势及其决定因素的实证分析［J］.国际贸易问题，2010（3）：99-104.

［246］卫志民.20世纪产业组织理论的演进与最新前沿［J］.国外社会科学，2002（5）：17-24.

［247］魏磊，蔡春林.后危机时代我国外贸发展方式转变的方向与路径［J］.国际经贸探索，2011，27（2）：13-20.

［248］文东伟，洗国明.中国制造业的垂直专业化与出口增长［J］.经济学（季刊），2010，9（2）：467-494.

［249］吴敬琏.纠正要素价格扭曲［N］.经济参考报，

2005-02-17.

［250］伍业君，张其仔.比较优势演化与经济增长——基于阿根廷的实证分析［J］.中国工业经济，2012（2）：37-46.

［251］熊勇清，李世才.战略性新兴产业与传统产业耦合发展的过程及作用机制探讨［J］.科学学与科学技术管理，2010，31（11）：84-87.

［252］徐剑明.论我国比较优势产业的刚性及其转型［J］.国际贸易问题，2004（8）：21-24.

［253］徐现祥，王贤彬.晋升激励与经济增长：来自中国省级官员的证据［J］.世界经济，2010（2）：15-36.

［254］许统生，陈瑾，薛智韵.中国制造业贸易成本的测度［J］.中国工业经济，2011（7）：15-25.

［255］许煜，徐翱，尚长风.中国式的财政分权与贸易收支顺差［J］.中央财经大学学报，2007（11）：1-7.

［256］严汉平，白永秀.三种制度创新主体的比较及西部制度创新主体定位［J］.经济评论，2007（2）：40-45.

［257］杨帆，徐长生.中国工业行业市场扭曲程度的测定［J］.中国工业经济，2009（9）：56-66.

［258］杨公朴，夏大慰.产业经济学教程［M］.上海：上海财经大学出版社，2002.

［259］杨继军，范从来.刘易斯拐点、比较优势蝶化与中国外贸发展方式的选择［J］.经济学家，2012（2）：22-29.

［260］杨林涛.多视角分析下的中国制造业不均衡格局［J］.上海经济研究，2012（1）：19-29.

［261］杨青龙.论比较优势的成本基础——从生产成本向"全成本"的拓展［J］.财经科学，2012（5）：43-52.

［262］杨青龙.国际贸易的全成本论：一个概念性理论框架

[J].财贸经济，2010（8）：69-75.

[263] 杨仁发，刘纯彬.生产性服务业与制造业融合背景的产业升级[J].改革，2011（1）：40-46.

[264] 杨瑞龙，冯健.企业间网络的效率边界：经济组织逻辑的重新审视[J].中国工业经济，2003（11）：5-13.

[265] 杨小凯，张永生.新兴古典经济学和超边际分析[M].北京：中国人民大学出版社，2000.

[266] 杨小凯，张永生.新贸易理论、比较利益理论及其经验研究的新成果：文献综述[J].经济学（季刊），2001，1（1）：19-44.

[267] 杨小凯，张永生.新贸易理论及内生与外生比较利益理论的新发展：回应[J].经济学（季刊），2002，2（1）：251-256.

[268] 杨洋.制造业国际竞争版图：基于竞争优先权理论的实证研究[J].南开管理评论，2011，14（2）：135-143.

[269] 姚星，杨锦地，袁东.对外开放门槛、生产性服务业与制造业生产效率——基于省际面板数据的实证分析[J].经济学动态，2012（5）：24-28.

[270] 姚志毅，张亚斌，李德阳.参与国际分工对中国技术进步和技术效率的长期均衡效应[J].数量经济技术经济研究，2010（6）：72-83.

[271] 易行健，闫振坤.资源要素价格扭曲的政策性因素分析[J].市场经济与价格，2008（7）：12-17.

[272] 尹翔硕，李春顶，孙磊.国际贸易摩擦的类型、原因、效应及化解途径[J].世界经济，2007（7）：74-85.

[273] 余章宝.李斯特的经济理论及其贡献[J].厦门大学学报（哲学社会科学版），2002（3）：56-62.

[274] 袁庆明. 新制度经济学 [M]. 北京：中国发展出版社，2005.

[275] 张金昌. 波特的国家竞争优势理论剖析 [J]. 中国工业经济，2001（9）：52-58.

[276] 张军，高远. 官员任期、异地交流与经济增长——来自省级经验的证据 [J]. 经济研究，2007（11）：91-103.

[277] 张莉. 构建转变外贸发展方式理论体系探讨 [J]. 国际贸易，2012（5）：28-32.

[278] 张莉，王贤彬，徐现祥. 财政激励、晋升激励与地方官员的土地出让行为 [J]. 中国工业经济，2011（4）：35-43.

[279] 张明志. 比较优势、贸易增长与产业发展：基于中国的经验研究 [M]. 北京：经济科学出版社，2008.

[280] 张铭，姚少华. 新制度经济学的边界——三种代表性观点及其比较 [J]. 中南财经政法大学学报，2006（6）：10-14.

[281] 张培刚. 发展经济学往何处去——建立新型发展经济学刍议 [J]. 经济研究，1989（6）：14-27.

[282] 张为付，翟冬平. 国际垂直一体化与外包化相互转化的理论研究——基于不完全合同下谈判成本的视角 [J]. 南开经济研究，2010（6）：86-97.

[283] 张五常. 新制度经济学的现状及其发展趋势 [J]. 当代财经，2008（7）：5-9.

[284] 张小蒂，李晓钟. 经济全球化与我国比较优势理论的拓展 [J]. 学术月刊，2001（6）：19-26.

[285] 张小蒂，王焕祥. 制度竞争：从比较优势到竞争优势 [J]. 学术月刊，2003（9）：17-24.

[286] 张亚斌. 内生比较优势理论与中国对外贸易结构转换 [D]. 中国社会科学院研究生院博士学位论文，2002.

［287］张亚斌，雷日辉，艾洪山.重构比较优势理论的微观基础：一般均衡分析［J］.财贸研究，2009（3）：61-65.

［288］张亚斌，易先忠.贸易结构圈层升级与不均质大国外贸增长方式转变［J］.国际贸易，2007（2）：19-21.

［289］张幼文.政策引致性扭曲的评估与消除——中国开放型经济体制改革的深化［J］.学术月刊，2008（1）：60-69.

［290］赵丽红.比较利益原则与拉美国家的发展悖论［J］.拉丁美洲研究，2011，33（1）：47-56.

［291］赵伟.国际经济学：在已知与未知之间［M］.杭州：浙江大学出版社，2008.

［292］赵英.提高我国制造业国际竞争力的技术标准战略研究［J］.中国工业经济，2007（4）：38-45.

［293］赵自芳，史晋川.中国要素市场扭曲的产业效率损失——基于DEA方法的实证分析［J］.中国工业经济，2006（10）：40-48.

［294］钟山.坚定不移地加快外贸发展方式转变［J］.求是，2010（16）：27-29.

［295］周琛影.比较优势利润原则及其实现机制研究［M］.北京：经济科学出版社，2007.

［296］周黎安.中国地方官员的晋升锦标赛模式研究［J］.经济研究，2007（7）：36-50.

［297］周耀东.现代产业组织理论的沿革和发展［J］.经济评论，2002（4）：112-116.

［298］朱巧玲，卢现祥.新制度经济学国家理论的构建：核心问题与框架［J］.经济评论，2006（5）：85-91.

［299］朱希伟，金祥荣，罗德明.国内市场分割与中国的出口贸易扩张［J］.经济研究，2005（12）：68-76.